CERTEZA
DE LA FE

La defensa del evangelio
en un mundo inseguro

Segunda edición

Richard B. Ramsay

CERTEZA DE LA FE
La defensa del Evangelio en un mundo inseguro (Segunda edición)

Richard B. Ramsay

© 2024 Richard B. Ramsay
ISBN: 979-8-90148-112-7
Staten House

© 2006 Richard B. Ramsay
Primera edición publicada por Editorial CLIE

Los pasajes bíblicos están citados en la versión *Nueva Biblia de las Américas* (NBLA), copiados del programa de software *LOGOS*, excepto en los casos donde se indica otra versión.

Dedicatoria

Quisiera dedicar este libro a mis hijos,
Nicolás y Mélany.

¡No podríamos tener mejores hijos!
¡Estamos muy orgullosos de ustedes!
¡Que el Señor les ayude a defender su fe!

Angie,
¡gracias por animarme con tu amor por la literatura, la
filosofía, la música, y el cine,
y gracias por ayudarme a mantenerlo
todo más práctico!

El autor

Dr. Ramsay fue misionero en Chile durante 21 años, enseñando en un seminario y plantando iglesias. Allí conoció a su esposa, Angélica. Ahora viven en Florida, EE.UU. y tienen dos hijos adultos. Durante los últimos 25 años, han trabajado internacionalmente en educación a distancia, viajando para impartir conferencias y produciendo recursos para la educación teológica y la formación de líderes. Richard ha sido profesor para la *Universidad FLET* y *Thirdmill Seminary*, y ha desarrollado muchos cursos en línea.

Tiene un Doctorado en Misiones y una Maestría en Divinidades de *Westminster Theological Seminary,* además de una Maestría en Teología de *Covenant Theological Seminary.*

Otros libros del autor incluyen *Integridad intelectual, ¿Cuán bueno debo ser?, Católicos y protestantes, Griego y exégesis, A Su imagen, Fortalece tu fe, Sinopsis de la Biblia, Exploremos Génesis, Armemos el rompecabezas,* y *Orientación para líderes.*

CONTENIDO

PROPÓSITO DEL LIBRO

¿Le gustaría sentirse más cómodo hablando con la gente sobre su fe como cristiano, estar preparado para responder preguntas difíciles y defender lo que cree? ¿Le gustaría comprender mejor a los no cristianos y saber por qué luchan con la incertidumbre, para poder ayudarles? Este libro fortalecerá su fe y le dará confianza en la validez y coherencia de la fe cristiana. Obtendrá una comprensión más profunda del pensamiento no cristiano, desarrollará una preocupación sincera por aquellos que aún no han llegado a la fe, y aprenderá algunas pautas importantes para dialogar con ellos.

El libro incluye un estudio sencillo de filósofos importantes, centrándose en cómo luchan con la incertidumbre y la incoherencia, en contraste con el concepto cristiano de la verdad, que proporciona certeza y coherencia. También incluye un estudio de algunos de los argumentos más importantes de los apologistas cristianos y ofrece respuestas sugeridas para seis de las preguntas más comunes:

1. ¿Cómo puedes probar que Dios existe?
2. ¿Cómo puedes estar seguro de que la Biblia es la verdad?, ¿No tiene contradicciones y errores?
3. ¿Qué pasa con las demás religiones? ¿Cómo puedes estar seguro de que no son también legítimas?
4. ¿Qué pensar respecto de la teoría de la evolución? ¿No demuestra que la Biblia está equivocada?
5. ¿Cómo puede un Dios bueno condenar a las personas?
6. ¿Cómo podría un Dios bueno permitir el mal?

PREFACIO

Las personas son como las casas, con ventanas y puertas alrededor de sus corazones. Aunque el no cristiano pretende proteger su casa en contra del mensaje del evangelio, cuando el Espíritu Santo empieza a operar en su corazón, algo queda abierto. En vez de seguir golpeando la misma puerta, debemos tomar el tiempo para caminar alrededor de la casa, y buscar la ventana o la puerta apropiada. Esta podría ser una inquietud intelectual, un sentido de inseguridad, un momento de tragedia, o una necesidad personal. Podríamos ganar su confianza en una conversación sobre café, por un gesto de compasión en un momento triste, o a través de una amistad durante muchos años.

Cada persona es única y distinta, de modo que el evangelio debe considerar distintas formas de presentarse. Me gustan las interrogantes apremiantes de "Evangelismo Explosivo". ("Si muriera hoy, ¿cree que iría al cielo?" "Si tuviera que presentarse delante de Dios y él le preguntara, ¿por qué debo dejarte entrar el cielo?, ¿cómo le contestaría?"). Estas preguntas fueron especialmente útiles cuando era misionero en Chile, ya que la gran mayoría de los chilenos cree en Dios y en la Biblia, aun cuando está confundida en cuanto a la salvación por gracia mediante la fe. Sin embargo, cuando intenté usar estas preguntas con mi vecino en Santiago, fracasaron totalmente. Simplemente contestó, "Bueno, esas preguntas no significan nada para mí, ¡porque no creo en Dios, ni en la vida después de la muerte!" La única puerta abierta que teníamos con nuestros vecinos la daba el hecho de que amaban a nuestros hijos. Los niños frecuentemente rompen barreras.

Lo mismo se aplica a la apologética, el estudio teológico relativo a la defensa de nuestra fe. Muchas veces los cristianos discutimos respecto de cuál es la estrategia apologética correcta. Algunos creen que debemos usar las evidencias, otros prefieren el razonamiento lógico. Algunos apelan al sentido común, mientras otros apuntan a la historia. Tuve el privilegio de tener como profesor a una de las mentes cristianas más brillantes del siglo XX, Cornelius Van Til, conocido por su enfoque "presuposicionalista", el cual explicaré en este libro. Personalmente necesitaba su enfoque, y el Señor lo utilizó en mi vida para provocar lo que denomino mi "segunda conversión", la conversión de mi mente. Pero, aunque todavía pienso que en el fondo él tiene las respuestas correctas, creo que hay mucho que aprender de otros apologistas también.

Quisiera proponer una "apologética integral", en la que aprovechemos todas las formas de revelación divina, y en la que utilicemos lo mejor de las distintas estrategias, en función de la persona y la situación que abordemos. Para lograr esto, debemos conocer lo mejor de cada apologista. La apologética es una herramienta para la evangelización. Al volver a las preguntas más fundamentales, debemos denunciar la pretensión del no creyente de ser independiente de Dios y anunciar la absoluta y soberana autoridad de Dios y las Escrituras. Sin embargo, también creo que debemos aprovechar la abundante evidencia que nos rodea (revelación general) y que reside dentro de nosotros mismos (somos la imagen de Dios). Creo que "toda verdad es la verdad de Dios",[1] que absolutamente todo lo que consideremos en la creación apuntará a Dios, y que cualquier pensamiento que intente negar a Dios inevitablemente enfrentará la contradicción y la inseguridad. Si alguien cree en la teoría de

---

[1] No está claro quién dijo esto primero. Se le ha atribuido a Agustín, <http://www.calvin.edu/~schu/>, Juan Calvino <http://www.asa3.org/archive/asa/199907/0004.html>, y Arthur Holmes <http://www.gospelcom.net/rzim/publications/jttran.php?jtcode=JT9 9FSA> (25 de julio, 2006).

la evolución y esto le impide creer en Dios, pregunto, ¿por qué no mostrarle la evidencia científica que contradice esta teoría? Si alguien cree que la Biblia está llena de errores y contradicciones, ¿por qué no mostrarle la coherencia de las Escrituras? Aunque no siempre resulta tan fácil, correctamente usada, cualquier tipo de verdad o evidencia debería ayudarnos a presentar o defender el evangelio.

La Caída afectó todas nuestras relaciones, a saber, con Dios, con los demás, con la creación, y con nosotros mismos. La salvación restaura cada una de estas cuatro relaciones. Considero que nuestra apologética debiera también incluir estos mismos cuatro aspectos. Debemos proclamar al no creyente lo que dice Dios, invitarle a escuchar los testimonios de los demás, mostrarle la evidencia existente en la creación, y ayudarle a mirar dentro de sí mismo para ver reflejada la imagen de Dios. Estas cuatro dimensiones sugieren el uso de distintos aspectos de la apologética.

El Espíritu Santo opera especialmente a través de las Escrituras, de modo que esta fuente de revelación debe tener prioridad en la apologética. Además, Jesucristo es el centro de nuestro mensaje. Pero Dios habla también a través de la creación, y debemos dejar que Él se revele en todas las formas posibles.

Mi testimonio personal proveerá algo del trasfondo para este libro. Crecí en un hogar cristiano comprometido, y asistí a una pequeña iglesia, la cual constituía una parte fundamental en nuestra vida. Pero cuando fui a la universidad empecé a dudar de todo lo que me habían enseñado. Quisiera que la historia de la recuperación de mi fe en Dios, en Jesucristo, y en la Biblia, agregue un toque personal a este estudio de la apologética. Cuando experimenté este cambio en mi vida le dije al Señor que quería ayudar a otros que estuvieran sufriendo la misma desesperación espiritual que yo había vivido. Este fue el motivo por el cual entré al ministerio, y es el motivo por el que escribo este libro, en cumplimiento parcial de aquella promesa.

Este libro no es un manual práctico de evangelización. Tampoco pretende ser un tratado filosófico. Apunta más bien a algo intermedio; me gustaría ofrecer a los cristianos algunas herramientas que les ayuden a defender su fe con mayor eficacia. En primer lugar, ofrezco una perspectiva simplificada de la filosofía occidental, a modo de "radiografía" del pensamiento del no creyente. En esto veremos un especial énfasis en la inseguridad que trae aparejada el no aceptar a Dios como la fuente de la verdad. Después, analizaremos algunos pasajes clave que nos ayuden a entender el verdadero problema del hombre. Luego haremos un repaso de algunos enfoques apologéticos y de algunos de los mejores argumentos. Miraremos a autores como Agustín, Anselmo, Tomás de Aquino, Juan Calvino, G. K. Chesterton, C. S. Lewis, Cornelius Van Til, Francis Schaeffer, Josh McDowell, Norman Geisler, Henry Morris, Antonio Cruz, R.C. Sproul, y John Frame. Finalmente, me gustaría sugerir cómo desarrollar una mentalidad entrenada para buscar la "ventana abierta" y presentar la mejor defensa de la fe, en función de la persona particular y el momento que enfrentamos.

PARTE I: LA INSEGURIDAD EN EL PENSAMIENTO DEL NO CREYENTE

Pues aunque conocían a Dios, no lo honraron como a Dios ni le dieron gracias, sino que se hicieron vanos en sus razonamientos y su necio corazón fue entenebrecido. Profesando ser sabios, se volvieron necios.

Romanos 1:21-22

1. ¿POR QUÉ NECESITAMOS LA APOLOGÉTICA?

...Santifiquen a Cristo como Señor en sus corazones, estando siempre preparados para presentar defensa ante todo el que les demande razón de la esperanza que hay en ustedes. Pero háganlo con mansedumbre y reverencia. (1 Pedro 3:15)[2]

MI TESTIMONIO

Me atreví a tomar "Introducción a la filosofía" en mi primer año en la universidad. En su primer día de clases el profesor comenzó con la siguiente pregunta: "¿Cuántos de ustedes creen en Dios?" De los casi 200, solamente la mitad de los alumnos levantamos la mano. Entonces declaró el propósito de su curso: "Espero que, para el término del semestre, ¡hayan visto que no existe ninguna razón para creer en Dios!" Mientras estudiaba los argumentos tradicionales para la existencia de Dios, comencé a darme cuenta de que todos se podían cuestionar, y mi fe empezó a tambalear. Cuando conversaba con mi hermano mayor, quien estaba en la misma clase, ninguno de los dos decía lo que realmente estaba pensando, y nos despedíamos siempre con un débil intento por encubrir nuestras dudas, diciendo cosas como, "Bueno, supongo que tienes que aceptar a Dios por fe." Salía a caminar para pensar en todo esto: ¿Existe Dios realmente, o llegó todo a existir por un proceso de evolución? Lo probé también al revés: Supongamos que Dios no existe. ¿Puedes probar que no existe? Y si no existe, ¿por qué debo ser bueno en vez de malo? ¿Por qué estoy aquí en realidad?

---

[2] Las citas bíblicas en este libro son de la versión *Nueva Biblia de las Américas*, excepto cuando se indique de otra manera.

Empecé a sentir que mi vida era como un cuaderno de apuntes desordenados y sin título.

Una noche me acosté en el césped de un cerro de la universidad y miré las estrellas. Había miles de ellas, todas resplandecientes como diamantes, y sentí tanto la grandeza del universo como mi propia pequeñez. De pronto supe que Dios estaba allí. Empecé a orar diciendo, "Señor, no lo puedo probar con argumentos, pero sé que estás allí. Haz lo que sea necesario para ponerme en el camino correcto." Sentía que era como un tren descarrilado que necesitaba un empujón fuerte para volver a enrielarse. Esa noche me fui caminando a mi habitación con una sensación de gozo y paz que nunca había experimentado en toda mi vida. No solamente sabía que Dios existía; ¡conocía a Dios!

Estuve bastante bien durante los dos años siguientes, creciendo en mi fe. Mi pastor me enseñó a estudiar la Biblia, a orar, y a compartir mi fe. Luego, durante el tercer año fui a Alemania en un programa de intercambios, período en el que tuve poco compañerismo y en el que tuve conversaciones inquietantes con algunos Testigos de Jehová. Me hicieron dudar de la Trinidad y de la divinidad de Jesús. Lo peor era que mi hermano, quien todavía no se recuperaba de las dudas generadas por las clases de filosofía, me escribía cartas desafiando mi fe. Cuando volví a los Estados Unidos para mi último año de universidad, le dije a mi pastor que todavía era un cristiano, pero que no estaba seguro de la Biblia, ni de la divinidad de Jesús. Él me leía pasajes de la Biblia para mostrarme que era inspirada. Yo respondía que este era un argumento circular. ¿Cómo podía usar la Biblia para mostrar que la Biblia era verdad?

Sabía que estaba en un oscuro callejón sin salida, y me asustaba. Usaba el método de Descartes, aceptando solamente aquello de lo que no pudiera dudar. Todavía creía en Dios y me decía a mí mismo, "Bueno, Dios existe. Ahora, ¿qué otra verdad puedo construir sobre este fundamento?"

¡Pero aquello no me llevaba a nada! No podía agregar ladrillo alguno sobre el primero. En mi peregrinaje espiritual, empecé a leer los libros de C. S. Lewis y Francis Schaeffer. Me ayudaba el hecho de que al menos hubiera cristianos muy inteligentes tratando de contestar las mismas preguntas que yo tenía. Me gustaba lo que presentaba Schaeffer: un sistema completo de verdad en el que cada parte encajaba con la otra y en la que todo se basaba en la Biblia. Decidí que la verdad no era algo que se construyera por piezas, sino un paquete en que todo se sostiene o cae por completo. No estaba totalmente convencido, pero al menos *quería* creer en la Biblia.

Decidí ir al seminario. No podía seguir sin obtener algunas importantes respuestas. Había visto algunos libros escritos por Cornelius Van Til, y quería estudiar donde él enseñaba. Cuando visité el Seminario *Westminster* en Philadelphia, uno de los estudiantes me aseguró que sus estudios con Van Til le habían dado tanta seguridad en su fe que estaba dispuesto a conversar con cualquier persona acerca del evangelio, aun con la persona más inteligente del mundo. Dentro de mí pensé, "¡Hombre!, ¡Yo quisiera sentir eso!"

Tengo que confesar que mis primeras clases con Van Til me decepcionaron un poco. Se veía un poco viejo y repetía mucho las cosas. Todos los días dibujaba dos círculos en la pizarra, uno que representaba a Dios y otro que representaba a la creación. Finalmente supe por qué repetía tanto; no era que no se acordara de lo que ya había escrito, sino que ¡teníamos que escucharlo diez veces para entenderlo! Su explicación de Adán y Eva en el huerto de Edén penetró definitivamente en mi corazón. Dijo, "Allí estaban, estas dos pequeñas criaturas del Dios Todopoderoso, cavilando, 'me pregunto..., me pregunto...., me pregunto... ¿tendrá Dios razón?, ¿o la tiene la serpiente?" Ellos no tenían derecho a cuestionar a Dios, decía Van Til. ¿Con qué derecho? Esto fue el comienzo de la Caída. Fue su pretensión arrogante de que podían erigirse como jueces de la verdad, aun sobre Dios mismo, lo que destruyó todo. "Pero esto es exactamente lo que yo estoy haciendo", pensé dentro de mí. "¿Quién soy yo para preguntarme si la Palabra de Dios es verdad? ¿Con qué criterio puedo juzgarlo?" Una vez más, en lugar de recibir un argumento profundo, ¡necesitaba un profundo avivamiento espiritual. ¡Necesitaba arrepentirme! Pedí perdón al Señor y le dije que aceptaría lo que Él me dijera. Recuerdo que pensé, "Si Dios me dice que la luna está hecha de queso verde, ¡entonces está hecha de queso verde! ¡Tendría que cambiar mi idea de lo que era la luna, el color verde y el queso!" Por supuesto, Dios no dirá algo que tan claramente contradice el uso normal de lenguaje, razón, y observación, pero esta idea expresaba mi nueva actitud de sumisión a Él.

Fue como una segunda conversión para mí. Ahora no solamente mi corazón pertenecía a Dios, sino también mi mente. No puedo explicar en palabras lo importante que fue este cambio en mi vida. Sentí que había sido rescatado de un pantano de arenas movedizas, y puesto sobre una roca.

> Me sacó del hoyo de la destrucción, del lodo cenagoso;
> Asentó mis pies sobre una roca y afirmó mis pasos.
> (Salmo 40:2)

¿QUÉ ES LA APOLOGÉTICA?

Cuento mi testimonio, en parte para hacer de la apologética algo más práctico, y en parte para mostrar que nuestra tarea no consiste sólo en presentar un buen argumento lógico. Las dudas tienen que ver con asuntos tanto espirituales como intelectuales. Entonces, ¿para qué escribir otro libro acerca de la apologética? Precisamente porque quiero aclarar la relación entre la lucha intelectual y la lucha espiritual. Quisiera proponer una apologética que integre las distintas formas de abordar el problema, en lugar de enfatizar una sola forma.

Lo primero que debemos entender respecto de la apologética es que no podemos convencer a nadie de ser cristiano de verdad. Si logramos que alguien acepte sólo intelectualmente los postulados de la fe cristiana, sigue sin ser salvo. Para ser salva, una persona tiene que creer personalmente en Jesucristo como su Señor y Salvador. Esto significa confiar personalmente en Él para la obtención de la vida eterna. Aunque, por cierto, esto incluye una aceptación intelectual de la verdad del evangelio, es más que aquello; es un compromiso personal. Después de todo, ¿no "sabe" Satanás, en un sentido estrictamente intelectual, que las doctrinas básicas del evangelio son la verdad? (Vea, por ejemplo, Santiago 2:19.) Pero no es salvo, porque le falta un compromiso personal con Cristo. Incluso, ¡él es enemigo de Jesús! Pablo les dice a los corintios que no fue a persuadirlos con palabras de sabiduría humana, sino que fue a predicar a Cristo crucificado. ¿Por qué? Para que la fe de ellos no descansara en sabiduría humana, sino en el poder de Dios.

> Por eso, cuando fui a ustedes, hermanos, proclamándoles el testimonio de Dios, no fui con superioridad de palabra o de sabiduría. Porque nada me propuse saber entre ustedes excepto a Jesucristo, y Este crucificado. Estuve entre ustedes con debilidad y con temor y mucho temblor, y mi mensaje y mi predicación no fueron con palabras persuasivas de sabiduría, sino con demostración del Espíritu y de poder, para que la fe de ustedes no descanse en la sabiduría de los hombres, sino en el poder de Dios. (1 Corintios 2:1–5)

El mayor impedimento del hombre para ser cristiano es su ceguera espiritual, y no su falta de comprensión intelectual. Sin embargo, esto no significa que el razonamiento intelectual no tenga lugar en la apologética. El no creyente ha construido además una muralla de defensa que contiene una mezcla de argumentos y razonamientos. Parte de nuestra labor consiste en romper estas barreras. Mientras mantengamos nuestros pies firmemente plantados en las Escrituras, podemos y debemos estar dispuestos a dialogar con el no creyente acerca de cualquier cosa a fin de ayudarle a ver la verdad. Sin ceder en nuestra posición, podemos tratar de entender su manera de pensar, mostrarle sus errores, y demostrar la belleza y la solidez del cristianismo. Pablo usó las Escrituras para "discutir" con los judíos acerca de la resurrección.

> *Y Pablo, entró según su costumbre, y por tres días de reposo discutió con ellos basándose en las Escrituras, explicando y presentando evidencia de que era necesario que el Cristo padeciera y resucitara de entre los muertos, y diciendo: "Este Jesús, a quien yo les anuncio, es el Cristo."* (Hechos 17:2–3)

Pedro nos exhorta a estar preparados para ofrecer una "defensa" de la fe y "responder" (NVI) a los que preguntan. La palabra griega es *apología* (defensa), de donde proviene el término *apologética*.

> *... Estando siempre preparados para presentar defensa [apología] ante todo el que les demande razón de la esperanza que hay en ustedes. Pero háganlo con mansedumbre y reverencia.* (1 Pedro 3:15)

Algunas personas necesitan argumentos apologéticos serios para llegar a Cristo. Por ejemplo, la autora Nancy Pearcey cuenta que su conversión llegó solamente después de que "todas sus propias ideas habían sido desmentidas".

Dice que lo único que faltaba era "reconocer que había sido persuadida" y "entregar su vida al Señor de la Verdad".[3]

Podemos definir la apologética como "la defensa de la fe", siempre que tomemos en cuenta el hecho de que una buena defensa incluye también una buena ofensiva. Es decir, no solamente debemos responder a las dudas, sino que debemos también descubrir los errores y las contradicciones del pensamiento del no creyente. La meta es "llevar cautivo todo pensamiento a Cristo".

> ...*Destruyendo especulaciones y todo razonamiento altivo que se levanta contra el conocimiento de Dios, y poniendo todo pensamiento en cautiverio a la obediencia de Cristo.* (2 Corintios 10:5)

La conversión a Cristo es primordialmente un asunto de renovación espiritual, entregando nuestro corazón a Cristo, pero incluye también la sumisión de la mente al Señor. Es el Espíritu Santo que produce este cambio en las dos áreas. El cambio espiritual involucra un cambio intelectual, y el cambio intelectual requiere un cambio espiritual. Los dos son inseparables.

> *No os conforméis a este siglo, sino transformaos por medio de la renovación de vuestro entendimiento, para que comprobéis cuál sea la buena voluntad de Dios, agradable y perfecta.* (Romanos 12:2 RVR60)

No podemos separar la apologética de la evangelización. Más aun, la apologética constituye realmente un aspecto de

---

[3] Nancy R. Pearcey, *Total Truth: Liberating Christianity from its Cultural Captivity* [Verdad total; liberando el cristianismo de su cautividad cultural] (Wheaton, IL: Crossway Books, 2005), p. 55.

la obra evangelística y debería incluir una presentación del evangelio.

La tarea es gigantesca. Tenemos que entender la manera de pensar del no creyente, tenemos que descubrir los principios bíblicos de la apologética, tenemos que buscar las mejores maneras de defender el evangelio, y tenemos que discernir la forma especial de presentar el mensaje a cada individuo. En esto consiste la apologética.

LA OPORTUNIDAD ACTUAL

La época en que vivimos nos plantea grandes desafíos, pero también nos presenta grandes oportunidades. Ha aumentado la soledad, la depresión, y la indiferencia en las últimas décadas. Ya en el año 1990 se hablaba de la "era de la indiferencia", de una "generación que sabe menos, se preocupa menos y lee menos".[4] La pandemia de COVID 19 no ayudó. La tecnología que iba a facilitar la comunicación aparentemente no nos ha hecho más felices o menos solos.[5] La revista Forbes comentó hace poco que "la soledad es una epidemia que está aumentando en la mayoría de los países en desarrollo", especialmente entre los jóvenes entre 16 y 24 años.[6]

---

[4] Pew Research Center, "The Age of Indifference"[La edad de la indiferencia] (del año 1990, leído el 28 de marzo, 2024). <https://www.pewresearch.org/politics/1990/06/28/the-age-of-indifference/>

[5] Jean M. Twenge. "Has the Smartphone Destroyed a Generation?" [¿Ha destruido una generación el celular inteligente?], *The Atlantic* Septiembre, 2017: 59-65.

[6] "Gen-Z, The Loneliness Epidemic And The Unifying Power Of Brands" [La epidemia de soledad] <https://www.forbes.com/sites/kianbakhtiari/2023/07/28/gen-z-the-loneliness-epidemic-and-the-unifying-power-of-brands/?sh=2b6b9f196790> (publicado 28 de julio, 2023, leído 6 de marzo, 2024).

En cuanto a las tendencias espirituales, aparentemente estamos en una sociedad "post cristiana" en países como los Estados Unidos, Europa y Australia.[7] La Iglesia está perdiendo miembros y no tiene el mismo respeto en la sociedad en estos países.[8] Timothy Keller dice que estamos viviendo en una "edad de escepticismo".[9] Sin embargo, creo que todavía hay muchas iglesias que están creciendo y que los esfuerzos evangelísticos no-tradicionales nos dan razones para tener esperanza, especialmente entre los jóvenes. Además, la iglesia ha crecido más que nunca en otros países, especialmente en América Latina, África y China. Según Bruce Milne, entre 1960 y 2000, los evangélicos crecieron tres veces más rápidamente que la población mundial.[10]

Este libro destaca la actitud de *inseguridad*. Paul Johnson sugiere que la incertidumbre es el término que caracteriza al hombre desde principios del siglo XX. Explica que la teoría de la relatividad de Einstein, la inestabilidad de la situación internacional y las ideas filosóficas recientes han hecho que el hombre viva en un "en un mundo sin guía y a la deriva en un universo relativista".[11]

Creo que la mayoría todavía confía bastante en la ciencia, pero también saben que no ha resuelto algunos de

---

[7] Vea el video, "Tim Keller on How to Bring the Gospel to Post-Christian America" [Tim Keller sobre cómo traer el evangelio a América post-cristiana] <https://youtu.be/zNve3Hexh28?si=I80B5128K5mKI8Ln> (23 de Feb., 2024).

[8] Stetzer, Ed; Im, Daniel. *Planting Missional Churches: Your Guide to Starting Churches that Multiply* . B&H Publishing Group. Kindle Edition.

[9] Timothy Keller, *The Reason for God; Belief in an Age of Skepticism* (New York: Riverhead Books, 2008), x. En español, *La razón de Dios* (Barcelona: Andamio, 2014).

[10] Bruce Milne, *Know the Truth: A Handbook of Christian Belief* (Downers Grove, Ill: InterVarsity Press, 2010), 332. Citado in Wikipedia, "Evangelicalism"26 da agosto, 2015.

[11] Paul Johnson, *Tiempos modernos* (Buenos Aires: Javier Vergara Editor, 1988), p. 59.

los problemas más serios del mundo y que tampoco tiene respuestas para muchas de las preguntas más difíciles. Algunos sienten que "la ciencia ha fallado al mundo", como cantaba un grupo llamado *System of a Down* hace algunos años.[12]: En una de las canciones más populares del mismo grupo, gritan acerca de la "toxicidad de nuestra ciudad", de "...mirar la vida a través del centro de una rueda", y "...¡desorden, desorden, desorden!"[13]

De hecho, la ciencia a veces ha contribuido a una incertidumbre aún mayor. La Inteligencia Artificial ha creado desconfianza en lo que leemos y en lo que vemos en la televisión. (¿Esto es real?) La capacidad de recopilar información acerca de nosotros del Internet y de los medios sociales, y después influir en nuestras opiniones, nos ha vuelto escépticos y suspicaces. Parece que vivimos en mundos diferentes, según los canales de televisión que vemos o las fuentes de noticias que seguimos.

Una de las pinturas más horrendas que he visto se llama "Cabeza VI", de Francis Bacon (1949). Me refiero frecuentemente a ella porque creo que representa gráficamente la desesperación postmoderna. Muestra a un hombre vestido con atuendo religioso sentado dentro de un cubo. Su nariz está desapareciendo, y desde ahí hacia arriba ya no queda casi nada, excepto dos cavidades donde estaban los ojos y unas manchas negras. La única parte de su cabeza que se ve claramente es la boca, la cual abierta, grita de una manera escalofriante.[14] Para mí representa los sentimientos

---

[12] En inglés: "Science, has failed, our world." *Song Meanings*, <https://songmeanings.com/songs/view/32807/>
[13] System of a Down, «Toxicity», Sitio de Internet: <http://www.lyricsdownload.com/download/s/system-of-a-down/Lyrics%20-%2041.htm> En inglés: "looking at life through the eyes of a tire hub,... disorder, disorder, disorder..."
[14] H.R. Rookmaaker, *Arte moderno y la muerte de una cultura* (Barcelona: CLIE, 2003), p. 217. La pintura está en Hayward Gallery,

de miedo, de estar encerrado, y de perder la confianza en sus propios pensamientos. Bacon mismo escribió, "El hombre ahora es consciente de que es un accidente, de que es un ser completamente fútil, de que tiene que seguir adelante sin razón."[15]

No todo el mundo se siente tan desesperado. Sin embargo, este sentimiento de incertidumbre es inevitable para aquellos que no confían en Dios para encontrar la verdad y el significado de la vida. En los capítulos siguientes veremos que esto ha inquietado a los filósofos desde los antiguos griegos. También notaremos cómo acaban centrándose en la ética, aunque se sean escépticos sobre la posibilidad de conocer la verdad.

A veces no es fácil comunicar nuestro mensaje a la generación actual, porque muchas personas no están muy preocupadas por la coherencia, y realmente no creen en la verdad absoluta. Sin embargo, en lo más profundo de su corazón, deben sentir que debe haber significado en la vida. Además, a muchos de ellos realmente les interesa lo que sucede en el mundo, y tienen un interés sorprendente en las cosas espirituales. Piense en las películas populares y los programas de televisión que tratan temas morales como la injusticia, el crimen, el racismo y la guerra. Pensemos en las protestas y los movimientos sociales relacionados con asuntos como la ecología, los derechos de las mujeres, el aborto y sueldos justos. Estemos o no de acuerdo con las perspectivas éticas que tienen, no podemos negar que la gente tiene fuertes sentimientos sobre la ética. Estamos llamados a escucharlos con respeto, desarrollar amistades con ellos, y compartir nuestra esperanza con ellos. ¿No cree que personas como el pintor Francis Bacon y los miembros

---

Londres. Se puede ver la imagen en <en.wikipedia.org/wiki/Head_VI> 23 dic., 2021.
[15] Rookmaaker, p. 218.

del grupo *System of a Down* querrían escuchar un mensaje alentador de que en realidad no somos sólo un accidente, que el mundo no es solamente "desorden", y que la vida tiene sentido? ¿No cree que nuestras iglesias pueden ofrecer un grupo de amigos, un lugar donde "todos saben tu nombre", un segundo hogar para personas que se sienten solas?

PREGUNTAS DIFÍCILES

He anotado algunas de las preguntas más comunes que hacen los no creyentes. Cuando hago clases de apologética, pido a los alumnos que me cuenten cuáles son las inquietudes más complicadas que la gente les presenta. Normalmente mencionan las mismas. Recuerde las siguientes preguntas; al final del libro volveremos a ellas sugiriendo algunas formas de respuesta.

1. ¿Cómo puedes probar que Dios existe?
2. ¿Cómo puedes estar seguro de que la Biblia es la verdad?, ¿No tiene contradicciones y errores?
3. ¿Qué pasa con las demás religiones? ¿Cómo puedes estar seguro de que no son también legítimas?
4. ¿Qué pensar respecto de la teoría de la evolución? ¿No demuestra que la Biblia está equivocada?
5. ¿Cómo puede un Dios bueno condenar a las personas?
6. ¿Cómo podría un Dios bueno permitir el mal?

Personalmente creo que el desafío más grande para el apologista es el problema del mal. Hace poco vi un programa de televisión llamado "La interrogante acerca de Dios". Un profesor de Harvard, Dr. Armond Nicoli, reunió a un grupo de eruditos de distintas creencias religiosas para hablar de las vidas de Sigmund Freud y C. S. Lewis. El primero de estos dos no creía en Dios, pero el segundo sí creía. El grupo analizaba la forma en que la fe, o la falta de ella, afectaba a estas dos personas. Al mirar el programa, yo sentía que el panelista que representaba la posición cristiana había hecho un buen trabajo, hasta que empezaron a hablar del problema del sufrimiento. En ese momento, el cristiano se rindió totalmente, confesó que no tenía ninguna respuesta, y dijo que el dilema le inquietaba profundamente. El representante de la revista *Skeptic Magazine* [Revista de los escépticos] aprovechó el momento y lo dejó en ridículo diciéndole sarcásticamente que debería ser un ateo, puesto que ellos no tienen que luchar con este problema.

Hace algunos años existía un sitio de Internet llamado "Losing my religion" [Perdiendo mi religión][16] que era administrado por personas que decían haber perdido su fe (aunque yo creo que la fe verdadera no se pierde). En este sitio, se dedicaban a desafiar a los cristianos a discutir acerca de su fe. Lamentablemente observé actitudes rígidas, insultos vergonzosos y argumentos débiles por parte de los cristianos. Me gustaría ver una mejor defensa apologética. Si tiene estómago para soportar comentarios ofensivos, lea las siguientes líneas, las cuales contienen el diálogo entre Darcy West de "Losing my religion" y un cristiano llamado Roger.[17] Darcy está luchando con el tema del infierno, comparando a Dios con un padre odioso y con un tirano como Hitler.

> Darcy West: Roger, ¿qué opinión tendrías de un padre que le dice a su hijo, "ámame antes de que cumplas seis años, o voy a meterte en el horno para cocinarte"?

---

[16] <http://www.losingmyreligion.com/>, 19 de mayo, 2005. La última entrada en el blog fue en el año 2016. Escribí al autor del sitio para iniciar un diálogo, pero los mensajes volvieron sin ser entregados.
[17] "Heaven and Hell: Interview One," Darcy West, <http://www.losingmyreligion.com/>.

Roger: Darcy, Dios no dice eso, ...dice "Este es el camino para evitar el infierno. ¡POR FAVOR SIGUE ESTE CAMINO!"

Darcy West: ¿Sugieres que el infierno escapa al control de Dios?

Roger: ¿Qué crees tú?

Darcy West: Si el infierno es un peligro sobre el que Dios tiene control, entonces la analogía que utilizas no es válida. En tu ilustración, muestras a un Dios que está tratando de proteger a su hijo de un peligro sobre el cual no tiene control. Sin embargo, en el caso del Dios de la Biblia, el infierno es un peligro que él mismo creó. Sería como si un padre dijera, "No vayas a la calle o serás atropellado por un vehículo". Luego, cuando el niño va a la calle, el padre mismo se sube a un bus y lo atropella. Si el padre dijera, "Bueno, el niño tomó su propia decisión", ¿dirías tú que el padre ha hecho lo correcto?

Roger: Darcy, el infierno fue creado para Satanás y sus demonios, no para seres humanos.

Darcy West: Roger, el padre abusivo compró el horno para hacer galletas, pero si lo usa para hornear a sus hijos, ¿estará libre de culpa?

Al final del diálogo, Roger cae en la trampa de Darcy, admitiendo que sería mejor no adorar a tal tirano. Así Darcy cree que ha ganado el argumento.

Darcy West: ¿Quién merece más respeto?, un hombre que adora a Hitler para evitar que lo envíen a los hornos, o el hombre que se rehúsa a postrarse delante de él sin importar el precio.

Roger: Darcy, el hombre que se rehúsa a postrarse.

Darcy West: Roger, ¡muchas gracias!

¿Le gustaría desarrollar una apologética que le ayude a dialogar con los no creyentes en situaciones como esta? Si es así, espero que este libro le sea de mucho beneficio.

Desde el primer capítulo, quiero hacer un resumen de los puntos principales del enfoque apologético del libro:

PRINCIPIOS PARA LA APOLOGÉTICA

1) Dios ha hecho al hombre a Su imagen, le ha revelado Su existencia, y le ha revelado Su ley moral.
(Génesis 1, Romanos 1-2)

2) Pero el no creyente ha rechazado a Dios y Su revelación, y pretende ser independiente de Dios.
(Génesis 3, Romanos 1-3)

3) Este rechazo de Dios y Su Palabra inevitablemente resulta en que el no creyente no pueda estar seguro de lo que cree y no pueda vivir en armonía con el mundo que le rodea.

4) La única manera de estar seguro de la verdad y vivir en armonía con el mundo es volver a Dios, creer en Cristo, y someterse a la revelación de Dios como su fuente de verdad y moralidad.

PREGUNTAS DE REPASO

1. ¿Cuál es la ilustración que se usa en el prefacio para representar al no creyente?

2. ¿En qué sentido la apologética debe ser "integral"?

3. ¿Qué tipo de revelación debe tener la prioridad en la apologética?

4. ¿Cuál fue la "segunda conversión" del autor?

5. ¿Por qué una persona no es salva, si logramos que acepte sólo intelectualmente los postulados de la fe cristiana?

6. ¿Cuál es el mayor impedimento del hombre para ser cristiano?

7. ¿Por qué el razonamiento intelectual tiene un lugar en la apologética?

8. ¿De dónde viene el término *apologética*?

9. Escriba 1 Pedro 3:15.

10. ¿Cómo podemos definir la "apologética"?

11. Según Paul Johnson, ¿cuál es el término que describe la actitud del siglo pasado?

12. ¿Qué podemos aprender de la pintura "Cabeza VI" de Francis Bacon?

13. ¿Por qué la situación actual provee una oportunidad para el evangelio?

PREGUNTAS PARA REFLEXIÓN

1. ¿Por qué cree usted que es importante estudiar la apologética?

2. ¿Cuáles fueron los factores más importantes en su propia conversión?

3. ¿Cuál de las seis preguntas frecuentemente mencionadas por los no creyentes en este capítulo le parece a usted la más difícil de responder? ¿Por qué?

4. ¿Qué opina del diálogo entre Darcy West y Roger? ¿Tiene alguna sugerencia para Roger?

5. ¿Fueron útiles los ejemplos y las ilustraciones de este capítulo para comprender a la gente de hoy? ¿Qué cree que podemos aprender sobre la manera en que debemos presentar el evangelio a partir de la letra de las canciones de *System of a Down* y el cuadro de Francis Bacon, *Cabeza VI*?

2. LA LÍNEA DE LA INSEGURIDAD EN LA FILOSOFÍA GRIEGA

INTRODUCCIÓN

¿Por qué estudiar filosofía? Porque nos da una mejor idea de cómo piensa la gente. Podría parecer innecesario al principio para algunos lectores, pero les sorprenderá cuánto les va a ayudar en la tarea apologética. Este estudio revela especialmente la fuente de la inseguridad del no creyente. Si la filosofía no es su tema favorito de estudio, tenga paciencia y trate de seguir estos dos capítulos con mucha atención. Pronto verá la importancia práctica, al sacar conclusiones acerca del hombre, y al desarrollar una defensa sólida de nuestra fe en los capítulos posteriores. Si la filosofía le aburre totalmente, por lo menos trate de ver lo esencial de estos capítulos.

Anteriormente, yo pensaba que los filósofos estaban muy seguros de sus creencias. Ahora creo que fue precisamente su lucha contra la inseguridad la que los llevó a filosofar. Quisiera presentar un breve repaso de la filosofía occidental que se centra en el patrón general de esta lucha.

Francis Schaeffer habla de una "línea de desesperación" en el pensamiento moderno en su libro *El Dios que está allí.* [*The God Who is There*.][18] Señala a pensadores y artistas clave que cruzan este umbral y dejan de intentar darle sentido a las cosas.[19] Esta observación me hizo pensar en el patrón de lo que sucedió antes y después, tanto en la filosofía moderna como en la filosofía griega, para ver el cuadro más completo. Creo que existe una tendencia predominante entre los filósofos a luchar con la incertidumbre.

---

[18] Francis Schaeffer, *The God Who is There* (Downers Grove, Illinois: InterVarsity Press, 1968), p.21. Publicado en español, *El Dios que está allí,* por Hodder and Stoughton en 2016.

[19] Vea el capítulo 5 para más información.

Observo lo que llamo una "línea de la inseguridad" (o una "curva de la inseguridad") en la filosofía occidental.[20] Básicamente, es una vacilación entre seguridad e inseguridad. Delineando esta lucha en rasgos generales, podemos ubicar a los filósofos en su lugar en esta línea, en orden cronológico, de acuerdo con su certeza de saber algo o su escepticismo acerca del conocimiento.

Seguridad

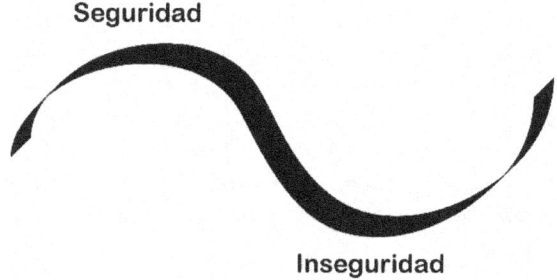

Inseguridad

Sólo que es algo más complejo que esto. La línea comienza expresando la seguridad del conocimiento, luego la experimentación de la duda, y enseguida el bajón de la desesperación e incertidumbre. Sin embargo, puesto que vivir sin sentido duele demasiado, se presenta la lucha por buscar alguna salida, la manera de saber algo. Finalmente, se mantiene una actitud de escepticismo y curiosamente aparece un interés por la ética. Esta curva expresa también lo que muchos experimentamos en nuestro propio peregrinaje espiritual.

---

[20] Un resumen más breve de esta perspectiva de la filosofía griega y moderna se incluye en el libro del autor, *Integridad Intelectual* (publicado por Editorial CLIE).

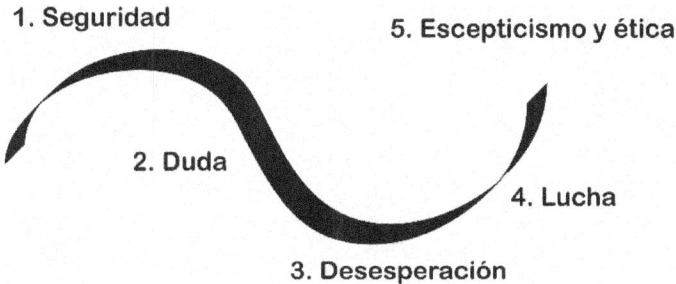

Cuando Francis Schaeffer habla de una "línea de la desesperación," se refiere a lo que yo considero el punto específico en la "línea de la inseguridad" en que se cruza desde la etapa 2 a la etapa 3.

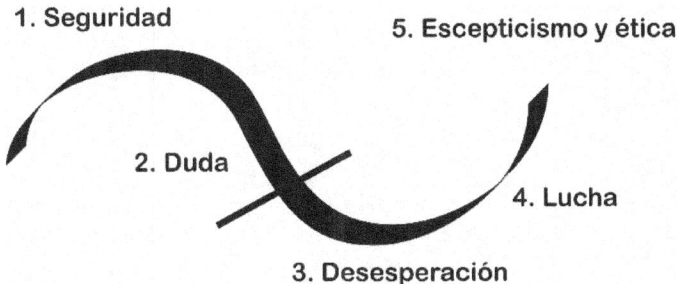

Normalmente la filosofía se divide en tres aspectos: ontología (el estudio del ser), epistemología (el estudio del saber), y ética (el estudio del bien y el mal). La ontología pregunta, ¿cuál es la naturaleza de las cosas? La epistemología pregunta, ¿cómo sabemos la verdad? La ética pregunta, ¿cómo sabemos lo que es bueno y lo que es malo? En este libro el énfasis estará centrado en la epistemología, pero también tratará el tema de la ontología.

Cuando estudiamos la filosofía encontramos residuos de la revelación divina, pero también podemos ver cómo se ha distorsionado la verdad. Frecuentemente en la enseñanza de la filosofía la verdad se presenta como habiéndose desarrollado a través de un proceso evolutivo positivo. Es decir, a medida que pasa el tiempo el hombre crece más y más en su comprensión. Por ejemplo, algunos suponen que el hombre primitivo no creía en Dios, luego desarrolló la idea de que había muchos dioses, para más tarde creer en un solo Dios; finalmente, se dio cuenta de que no necesitaba a Dios. Este concepto es similar al esquema evolucionista de la naturaleza. No obstante, la Biblia muestra un cuadro muy distinto. Enseña que el único Dios verdadero se ha revelado desde el comienzo, y que el hombre ha usado y distorsionado su revelación. Muchos dirían que la Biblia copió ideas de otras religiones y filosofías, pero sabemos que fue al revés. Por medio de la gracia común (la bondad de Dios se manifiesta en todo ser humano), muchos líderes filosóficos y religiosos han descubierto algo de la verdad, como son el sentido de moralidad, de culpa, de la existencia de un ser supremo, y de la eternidad. Sin embargo, sus presuposiciones y sus observaciones están fuera de foco. Al examinar a los filósofos griegos, podemos hallar residuos de la verdad, pero debemos estar conscientes de cómo ellos han distorsionado la verdad.

EL GIRO HACIA ABAJO EN LOS GRIEGOS TEMPRANOS

Los filósofos griegos lucharon con la pregunta, ¿de qué está hecho todo? ¿Hay algo que une todo, detrás de todos los infinitos detalles que observamos? ¿Cómo podemos saber? Uno de los problemas que enfrentaron fue el hecho de que todo cambia. Esto les hizo preguntarse si las observaciones que hacemos en el momento presente son realmente válidas, y tal vez ya no sean ciertas un momento después.

Recuerdo una inquietante clase de física cuando estaba en la escuela secundaria. El profesor hablaba de la relatividad, y recuerdo que pensé dentro de mí: si el universo entero de pronto se redujera a la mitad de su tamaño manteniendo todo en las mismas proporciones relativas, ¿nos daríamos cuenta? Me asustó el pensamiento, porque me produjo un sentimiento de tremenda inseguridad. Pero un momento después, Dios me tranquilizó con la idea de que Él está allí, y Él sabría si todo se redujera a la mitad.

Pero si no tengo a Dios en mi mundo, voy a buscar otra cosa que se mantenga constante detrás del cambio. Busco algo comprensible detrás de la confusión provocada por la infinidad de detalles.

Tales (585-548 a.C.)

Considerado el "primer filósofo de Grecia",[21] Tales buscaba una realidad universal. Es conocido por su postulado de que todo es *agua*. ¿Cómo pudo ser tan ignorante? Bueno, quizás no haya sido tan ridículo. Si pensamos en el hecho de que el agua puede convertirse en vapor y en el hecho de que todas las cosas materiales pueden ser derretidas y convertidas en gas, entonces es más fácil entender por qué alguien podría pensar que todas las cosas tienen una esencia en común, y que esa esencia fundamental fuera el agua.

Note que Tales pensaba que podría realmente saber algo. Otros filósofos de la época sostenían que todo era el átomo, o los números, o la razón, o que había cuatro elementos básicos (aire, agua, tierra, y fuego). Pero todos ellos al menos afirmaban *algo*.

Heráclito (535-475)

Según Heráclito, todo está en constante movimiento, y todo es uno.

---

[21] Frank Thilly, *A History of Philosophy* [Una historia de la filosofía], (New York: Henry Holt and Company, 1659), p.23.

Es imposible bañarse dos veces en el mismo río, porque aguas frescas están siempre fluyendo sobre ti.

El uno es todo.

El bien y el mal son uno.

Para Dios todas las cosas son hermosas y justas, aunque los mortales sostengan que algunas son injustas y otras justas.[22]

Mientras Tales suponía que había algo estable detrás de todo, Heráclito consideraba que lo único "estable" era el cambio mismo. La vida es como un río que fluye; todo cambia de un momento a otro. Todos los contrastes aparentes están realmente en armonía. Note que aun la distinción entre el bien y el mal supuestamente desaparece para Dios. Con esto abre la puerta a la duda y a la inseguridad.

Protágoras (500 o 480 - 420)

Protágoras está de acuerdo con Heráclito, y propone que la verdad es relativa, que cualquier opinión es tan válida como la otra. Lo que parece "frío" a una persona puede ser "caliente" para otra. Según Protágoras:

El hombre es la medida de todas las cosas.

Incluso, uno puede afirmar dos cosas contradictorias. Si tengo un ojo cerrado, y el otro abierto, puedo honestamente

---

[22] Fragmentos,
<http://members.aol.com/cyberstoic/Heracliteans/heraclitus.html>
(June 3, 2005). Vea también Herbert Granger, "Heraclitus of Ephesus," Encyclopedia of Philosophy, ed. Borchert (Detroit: Thomson Gale, 2006) vol. 4.

decir que "veo" y también decir que "no veo".[23] Con este concepto de relatividad, perdemos el concepto de la verdad absoluta y perdemos la certeza del conocimiento. Al hablar acerca de los dioses, Protágoras admite,

> Con respecto a los dioses, no puedo estar seguro si existen o no, ni cómo serán; porque hay muchas cosas que impiden nuestro conocimiento seguro...[24]

Gorgias (483 - 375)

Gorgias enfrenta las consecuencias del hecho de que todo cambia, y concluye que el conocimiento es imposible:
1) Nada existe
   (Apenas existe, deja de ser lo que era.)
2) Si algo existiera, no se podría conocer.
3) Si algo se pudiera conocer, no se podría
   comunicar a otra persona.[25]

Cratilo

Esto lleva a la desesperación. Quita el deseo de intentar. Otro discípulo de Heráclito llamado Cratilo decidió vivir consecuentemente con esta conclusión, ¡y dejó de hablar![26]

---

[23] Gordon Clark, *Thales to Dewey* (Boston: Houghton Mifflin Company, 1957), pp. 61-70.

[24] Frekerick Copleston, *A History of Philosophy*, vol. I (Garden City, New York: Image Books, 1962), p 110.

[25] On the Non-Existent,
<http://www.wfu.edu/~zulick/300/gorgias/negative.html.> Vea también Rachel Barney, "Georgias of Leontini," *Encyclopedia of Philosophy*, ed. Borchert, vol. 4.

[26] Humberto Giannini, *Esbozo para una Historia de la Filosofía* (Santiago, Chile, 1981), p. 34. Vea también G. B. Kerferd, "Cratylus," *Encyclopedia of Philosophy*. Cratilo no fue totalmente consecuente con su filosofía, porque movía las manos para hacer señas.

1. Seguridad
 Tales

2. Duda
  Heráclito
  Protágoras

3. Desesperación
 Gorgias
 Cratilo

LOS GIGANTES GRIEGOS

Ahora llegamos a tres de los pensadores más grandes de todos los tiempos, Sócrates, Platón, y Aristóteles. Todos representan una lucha para tener conocimiento verdadero, uno a través del diálogo y la introspección, otro a través de una experiencia mística y la memoria, y el tercero por medio de la lógica y la intuición.

Sócrates (469-399)

Uno de los dichos más famosos de Sócrates es "Solo sé que no sé nada."[27] Él llama "sabia" a la persona que reconoce que no sabe nada. Sin embargo, esto es solamente el punto de partida para Sócrates, no la conclusión. Él creía que el

---

[27] <http://www.worldofquotes.com/author/Socrates/1/> (8 de junio, 2005). Esta cita ha sido cuestionada por algunos, ya que no se encuentra en los escritos de Platón, sino solamente en referencias posteriores. Vea C. C. W. Taylor, "Socrates", *Encyclopedia of Philosophy*, ed. Borchert, vol. 9. Sin embargo, las siguientes fuentes atribuyen la cita a Sócrates: Richard Popkin, "Skepticism, History of", *Encyclopedia of Philosophy*, ed. Borchert, vol. 9; Will Durant, *The Story of Philosophy* (New York: Simon and Schuster, 2005), p. 8; y *The Oxford Dictionary of Quotations*, 4th ed. (Oxford: Oxford University Press, 1992), p. 654.

hombre podría buscar la verdad en el diálogo racional con los demás. Al reconocer nuestra ignorancia, limpiamos la mente de las nociones incorrectas y reconstruimos nuestras convicciones encima de un fundamento más firme.[28] Sin embargo, como afirma John Frame, el diálogo normalmente "no producía nada definitivo". Añade que la introspección también era importante para la epistemología socrática, dejando la verdad en la categoría de la "subjetividad individual".[29]

Platón (429-347)

Según Platón, las ideas son lo único real, y existen como algo independiente de la mente humana. Lo que vemos y observamos son solamente sombras de la realidad. Por ejemplo, la verdadera esencia del hombre es su alma, no su cuerpo.

Él creía que el alma de un hombre existía previamente, y que habitaba su cuerpo en el momento de nacer. El hombre puede saber algo porque su alma puede recordar. Por ejemplo, una persona no adquiere en esta vida la noción abstracta de la *igualdad*, sino que nace con esta noción. Así que aprender es recordar.

Su "alegoría de la caverna" (*La República*, Libro VII) describe cómo podemos conocer la verdad por medio de lo que considero una experiencia mística (es llamada una "visión

---

[28] Los eruditos discuten la dificultad en saber exactamente lo que creía Sócrates mismo, porque no tenemos ningún escrito de él, sino solamente lo que otros han dicho de él, especialmente Platón y Aristóteles. En los diálogos de Platón, no está claro cuándo está expresando sus propias ideas por medio de la figura de Sócrates, y cuándo está expresando las ideas de Sócrates. Vea Copleston, *A History of Philosophy*, 1.1.120-24.

[29] John Frame, *A History of Western Philosophy and Theology* [Historia de la filosofía y teología del occidente] (Phillipsburg, NJ: P&R Publishing, 2015), p. 63.

beatífica").[30] En esta historia, se cuenta que algunos hombres están encadenados en una caverna, mirando sombras en la muralla, que vienen de objetos que están pasando entre un fuego y ellos. Ellos piensan que las sombras son la realidad, porque no conocen nada más. Sin embargo, cuando alguien se libera y sale de la caverna a la luz del sol, se da cuenta de que hay otro mundo afuera y que el sol es la "causa" de todas las cosas." No es fácil identificar lo que simboliza todo en esta historia, pero en general, representa la experiencia del alma al reconocer que la realidad es más que lo que vemos y descubrir la verdadera fuente de la verdad y la bondad ("el autor de todas las cosas bellas y buenas" y "la fuente de la razón y la verdad"). El narrador en el diálogo lo explica.

> No me entenderás mal si interpretas el viaje hacia arriba como el ascenso del alma al mundo intelectual, según mi pobre creencia, que, porque tu lo deseabas, he expresado correctamente o incorrectamente, Dios lo sabe.[31]

Note la inseguridad expresada en esta explicación y también la mención de "Dios." Podemos detectar un residuo de la verdad en el concepto de Platón que hay algo más allá del mundo material. Sin embargo, su esquema místico no nos proporciona la seguridad de saber la verdad. John Frame

---

[30] < https://classics.mit.edu/Plato/republic.8.vii.html> (28 de marzo de agosto, 2022). Sócrates dice en el diálogo escrito por Platón, el Fedón: "...como dicen en los misterios, '...pocos son los místicos', que significa, como yo interpreto las palabras, los verdaderos filósofos. Entre ellos, he estado buscando, según mi habilidad, encontrar un lugar, durante toda mi vida". Vea la siguiente versión en inglés: "Phaedo" < https://classics.mit.edu/Plato/phaedo.html> (12 de marzo, 2024, Traducido del inglés por el autor.)

[31] "The Republic," Book VII, <https://classics.mit.edu/Plato/republic.8.vii.html> (24 de marzo, 2024). Traducido del inglés por el autor.

comenta que en su diálogo *Parménides*, Platón "tiene la integridad de admitir que sus preguntas fundamentales siguen sin respuesta".[32]

Aristóteles (384-322)

La filosofía de Aristóteles es considerada "la síntesis más comprehensiva del conocimiento jamás lograda por la mente humana".[33] Escribió obras sobre: la lógica, las ciencias naturales, la psicología, la metafísica, la ética, la política, y la retórica. Aunque aceptaba la distinción de Platón entre las ideas y la materia, creía que las dos eran reales, inseparables y eternas. Las ideas solamente existen expresadas en objetos concretos.[34] Creía que existía un "Primer Motor" que causa todo movimiento.[35]

Su esperanza para el conocimiento estaba en la lógica. Creía que había conocimiento objetivo, y refutaba el relativismo de los filósofos anteriores. Algo no es verdad solamente porque tú creas que es verdad; más bien, es verdad, de modo que tú tienes razón cuando piensas que es verdad. El conocimiento empieza con la percepción de los particulares observables. Entonces, usando la lógica inductiva llegamos a las premisas básicas. Finalmente, a través de la lógica deductiva podemos llegar a otras conclusiones. Por ejemplo, podemos observar muchos triángulos y medir la suma de los grados de sus ángulos. Cada vez éstos suman 180 grados. Segundo, concluimos que todos los triángulos tienen 180 grados. Finalmente, deducimos que un determinado triángulo que encontramos debe tener también 180 grados.

---

[32] Frame, *A History of Western Philosophy and Theology*, 71.
[33] Thilly, *A History of Philosophy*, p. 118.
[34] Giannini, *Esbozo*, p. 62.
[35] Frame, *A History of Western Philosophy and Theology*, 73-74.

Curiosamente, la intuición es necesaria en este proceso.[36] No podemos estudiar cada triángulo que existe, pero después de observar muchos de ellos, nuestra intuición capta el concepto de que todos los triángulos deben tener 180 grados. ¡Tiene que ser así!

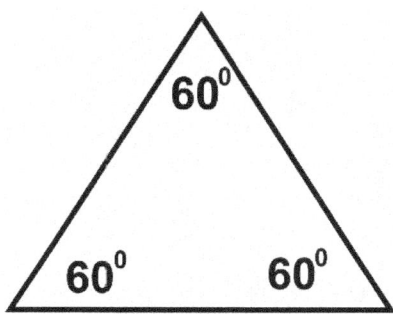

Podemos admirar a Aristóteles por su esfuerzo por rescatar el conocimiento. La mayor parte de la gente acepta la validez de la lógica. Creo que es un aspecto de la imagen de Dios en el hombre. Sin embargo, debemos guardar una perspectiva apropiada de la lógica: Dios es infalible, pero nuestro uso de la lógica no es.

Note el papel importante que tiene la intuición en el proceso del aprendizaje en el esquema de Aristóteles. Él sabe que la lógica no es suficiente. De hecho, los primeros y más básicos principios de la lógica no se pueden probar; se conocen intuitivamente.[37] Como afirma John Frame, ni Platón ni Aristóteles pueden explicar satisfactoriamente cosas fundamentales como el cambio, el movimiento y la ética. Para Platón, el mundo cambiante es "irracional" y para

---

[36] Julián Marías, *Historia de la filosofía* (España: Alianza Universidad Textos), p. 61. Publicado originalmente en 1941.

[37] Frame, *A History of Western Philosophy and Theology*, 72.

Aristóteles, el "primer motor" es "abstracto y carente de contenido".[38]

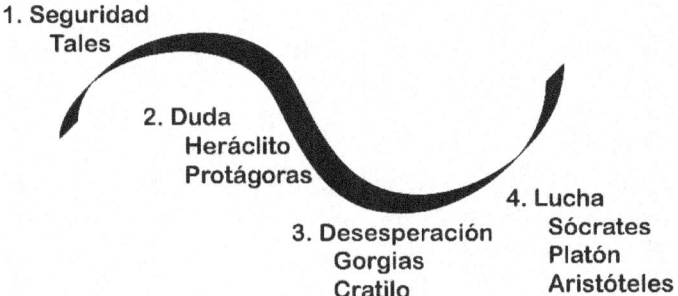

1. Seguridad
   Tales

2. Duda
   Heráclito
   Protágoras

3. Desesperación
   Gorgias
   Cratilo

4. Lucha
   Sócrates
   Platón
   Aristóteles

EL ESCEPTICISMO Y LA ÉTICA DESPUÉS DE ARISTÓTELES

Después de Aristóteles, entre los griegos hubo una reacción en contra de la filosofía sistemática. Preferían algo más humano y práctico. Buscaban una paz interior. Algunos eran escépticos en cuanto a la posibilidad de encontrar la verdad, y muchos ponían el énfasis en la ética. Por cierto, no en la "ética" como normalmente la concebimos. Los filósofos anteriores también hablaban de la ética, pero fue un tema más central después de Aristóteles, en el período desde 300 a.C. hasta 529 d.C.

Los *estoicos* sostenían que todo era un solo ser viviente, racional, y divino, pero su "dios" era más fatalista que personal y amoroso. Para ser felices, debemos someternos a la ley del universo, y vivir en armonía con su diseño. "Sólo el sabio es libre...porque desea lo que debe necesariamente ocurrir."[39]

Despreciaban las posesiones materiales y los honores, y se vestían con poca ropa. Creían que la verdad se percibe a

---

[38] Frame, *A History of Western Philosophy and Theology*, pp. 69, 77.
[39] Giannini, p. 74.

través de los sentidos. Su nombre viene de "Stoa", que significa "pórtico" en griego, y representa el lugar donde se reunían para conversar.

Los *epicúreos* deseaban desarrollar una vida serena. Afirmaban que la felicidad era el fin principal de la vida, pero sabían que no podían encontrar la felicidad solamente a través de los placeres sensuales desenfrenados. La verdadera felicidad para ellos estaba en la paz interior y la liberación del dolor y del miedo (especialmente el miedo a los dioses y a la muerte). Recomendaban la moderación y una prudente selección de placeres.

> Entonces cuando mantenemos que el placer es el fin, no queremos decir los placeres de los libertinos y de la sensualidad..., sino la libertad del dolor en el cuerpo y de la intranquilidad de la mente.[40]

Los *escépticos* creían que, para evitar la desilusión, era mejor admitir desde el principio su incertidumbre. Para algunos como Carneades, todo conocimiento es inútil. Los siguientes dichos eran comunes entre ellos:

No determinamos nada.

Todo es inaprensible.

Cada afirmación tiene su opuesto correspondiente.[41]

---

[40] Epicuro, "On Pleasure" ["Sobre el placer"], <http://radicalacademy.com/adiphiloessay7.htm> (23 de Noviembre, 2005). Traducción del autor.

[41] Sextus Empiricus, *Outlines of Scepticism*, ed. Julia Annas y Jonathan Barnes (Cambridge: Cambridge University Press, 2000), pp. 49–51. Vea también "Ancient Skepticism" <http://www.abu.nb.ca/Courses/GrPhil/Skept.htm> (3 de junio, 2005). Traducido por el autor.

Según Sexto Empírico (160-210 AD), estos comentarios no son principios filosóficos, sino explicaciones de cómo se sienten. Para ser consecuente, ¡él también es escéptico aun acerca de los dichos de los escépticos! Sexto explica,

> En el caso de todas las frases escépticas, se debe entender que no afirmamos definitivamente que sean verdaderas. Incluso, decimos que pueden destruirse a sí mismas, cancelándose juntas con todo lo demás a lo cual se aplican. Son como las drogas purgativas que no simplemente sacan los humores [líquidos] del cuerpo, sino también se eliminan a sí mismas con los humores.[42]

Esto completa la línea de la inseguridad. Los griegos han pasado de la seguridad a la duda, a la desesperación, a la lucha por rescatar el conocimiento, y han terminado con una actitud escéptica, y un énfasis en la ética. Aunque este breve repaso no hace justicia a las riquezas y complejidades de la filosofía griega, refleja las tendencias generales existentes en la epistemología, y nos ayuda a entender el dilema del hombre sin Dios.

---

[42] Sextus Empiricus, *Outlines of Scepticism*, p. 52. Traducido por el autor.

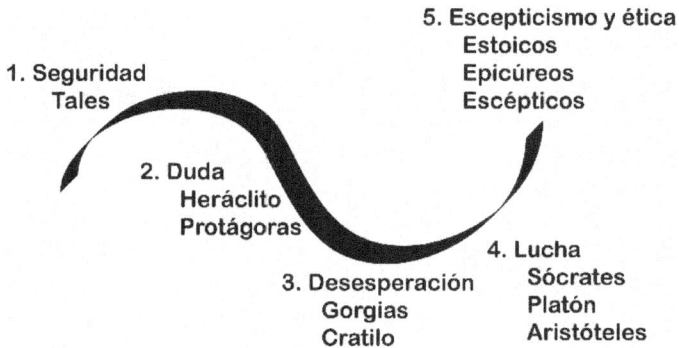

Creo que la línea de la inseguridad también representa lo que muchos de nosotros hemos experimentado en nuestro peregrinaje epistemológico personal. Empezamos con la convicción de que sabíamos algo, entonces dudamos, y perdemos la esperanza del conocimiento. Pero no podemos vivir con la inseguridad total, así es que luchamos para encontrarle un sentido a las cosas, aunque al hacerlo tengamos que tolerar cierta inconsecuencia. Muchos no tenemos la valentía o la capacidad para enfrentar las consecuencias de una vida sin absolutos, así es que nos saltamos la etapa de desesperación y seguimos con la lucha para encontrar un sentido a las cosas. Finalmente, si es que no volvemos a Dios para encontrar la verdad en Su revelación, optamos simplemente por vivir con la inseguridad, y tratamos de no pensar demasiado en estos asuntos. Sin embargo, no podemos evitar establecer algunas pautas para nuestra vida, así que seguimos discutiendo lo que es bueno y malo, aunque por dentro sintamos que no tenemos ninguna base para defender nuestro punto de vista. Irónicamente, a veces las personas más apasionadas con el tema de cómo debemos vivir, son las personas menos seguras en cuanto a la posibilidad de conocer la verdad.

Dinámica de grupo

Tomen una manzana, un lápiz, o algún objeto simple, y póngalo en la mesa. Hablen acerca de lo que piensan saber acerca de él. Después, cambie papeles, y traten de cuestionar lo que han afirmado. Piensen en preguntas que serían difíciles de contestar acerca del objeto. Conversen acerca de cómo pueden estar seguros de algo relacionado con el lápiz, sin saber todo acerca de él.

Preguntas de repaso

1. Identifique las cinco etapas en la "línea de la inseguridad".

2. Describa brevemente el pensamiento clave que corresponde a cada uno:
    Tales
    Heráclito
    Protágoras
    Gorgias
    Cratilo
    Sócrates
    Platón
    Aristóteles
    Los estoicos
    Los epicúreos

Los escépticos

3. Coloque cada uno de los filósofos o escuelas de pensamiento de la lista arriba en el lugar correspondiente en la "línea de la inseguridad" que se encuentra abajo.

PREGUNTAS PARA REFLEXIÓN

1. ¿Ha pasado usted por los mismos ciclos de la "línea de la inseguridad" tal como se le describen en este capítulo?
2. ¿Comprende usted los problemas del conocimiento que tienen los no creyentes? Si no, ¿cuál es su duda?
3. ¿Comprende las ideas importantes de los filósofos estudiados en este capítulo? Si no, ¿cuál es su duda?
4. ¿Cuál de los dos tendrá más seguidores hoy en día, Platón o Aristóteles? ¿Por qué?
5. ¿Qué le diría a alguien que está de acuerdo con Protágoras, que "el hombre es la medida de todas las cosas"?

3. LA LÍNEA DE LA INSEGURIDAD EN LA FILOSOFÍA MODERNA

Me gusta ver películas de la segunda guerra mundial, pero confieso que a veces la crueldad de los Nazis me deja perplejo y angustiado. ¿Cómo pudieron cometer tantas barbaridades? Ellos consideraban que la compasión constituía una debilidad. Según la película "La caída", cuando Hitler vio que estaban perdiendo la guerra, quiso evitar que quedara algo útil para el enemigo, así es que mandó a destruir las propias ciudades alemanas, ¡con su propia gente todavía allí! Decía que los alemanes deberían ser destruidos, ya que, si no podían ganar la guerra, eran débiles.[43] ¿Cómo es que lo siguieron tantas personas? Un hombre que estuvo en un campo de concentración lo atribuye a la filosofía. Viktor Frankl dice,

> Las cámaras de gas de Auschwitz fueron la consecuencia última de la teoría de que el hombre no es más que el producto de la herencia genética y de su ambiente—o, como les gustaba decir a los Nazis, de "sangre y suelo". Estoy absolutamente convencido de que las cámaras de gas de Auschwitz, Treblinka, y Maidanek no fueron preparados principalmente en alguna oficina en Berlín, sino en los escritorios y en las salas de clase de los científicos y filósofos nihilistas.[44]

---

43 "Downfall" [La caída] dirigida por Oliver Hirschbiegel, distribuida por Newmarket Film Group, 2005.
44 Viktor Frankl, *The Doctor and the Soul* [El médico y el alma] (New York: Knopf, 1982), xxi. Citado en Ravi Zacharias, *Can Man Live Without God* [¿Puede el hombre vivir sin Dios?] (Nashville: W. Publishing Group, 1994), p. 25.

En este capítulo, veremos el trasfondo filosófico que sirvió como justificación para las atrocidades de los Nazis. La filosofía moderna sigue una línea parecida a la línea de los griegos.

La palabra "moderna" no significa lo que parece, especialmente en el campo de la filosofía. No significa *contemporáneo*, sino se refiere al período que comenzó con Sir Francis Bacon y René Descartes en el siglo 16, y llegó hasta el siglo 20. Se llama "moderna" porque rompió con la cultura y el pensamiento de la Edad Media.

EL TRASFONDO MEDIEVAL

Antes de ver la época moderna, analizaremos el trasfondo medieval, época en que la teología cristiana dominaba el pensamiento de Europa. La Edad Media es un "paréntesis" en nuestro repaso del pensamiento del *no creyente*, ya que los grandes filósofos mantuvieron una posición bastante bíblica. En este período, sostenían que el conocimiento era posible a través de la fe en la revelación de Dios. Uno de los temas más importantes para Agustín, Anselmo y Tomás de Aquino era la relación entre la fe y la razón.[45]

Agustín (354-430 d.C.) dijo, "Cree, y entenderás", o "creo para entender" (credo ut intelligam). Él insistía que necesitamos fe aun para creer algunas de las cosas más comunes. Por ejemplo, tenemos que confiar en nuestra familia para saber quién es nuestro padre.[46]

Anselmo (1035-1109 d.C.) dijo algo parecido, "Porque no busco comprender para creer, sino que creo para llegar a comprender. Creo, en efecto, porque, si no creyere, no

---

[45] En un capítulo posterior, veremos argumentos apologéticos de estos teólogos.
[46] Clark, *Thales to Dewey*, p. 226.

52

llegaría a comprender."[47] No obstante, él sí sostenía que, después de empezar con la fe, nuestra razón también puede desarrollar pruebas racionales para las mismas doctrinas.

Tomás de Aquino (1225–74) dio más importancia a la razón que sus dos predecesores. G. K. Chesterton dice que Aquino "reconcilió la religión con la razón".[48] Aquino admiraba a Aristóteles, y escribió comentarios sobre sus obras. Según Aquino, podemos usar nuestra razón para estudiar la naturaleza para descubrir algunas verdades, pero necesitamos la fe y las Escrituras para comprender otras cosas. Por ejemplo, en *Suma Teológica*, presenta argumentos razonados para la existencia de Dios,[49] pero reconoce que "es imposible que por la razón natural se llegue al conocimiento de la trinidad de las personas divinas."[50] Según Aquino, desde la perspectiva del hombre, no desde la perspectiva de Dios, hay dos tipos de verdad.

> Un tipo de verdad pertenece al campo investigado por la razón, mientras el otro tipo completamente excede el alcance de la razón.[51]

---

[47] Proslogion, capítulo 1. Ver:
<http://ar.geocities.com/magisterioiglesia/san_anselmo/prosologion0 1.html - INCITACIÓN> Vea también William C. Placher, *Readings in the History of Christian Theology*, tomo 1: From its Beginnings to the Eve of the Reformation (Philadelphia: Westminster Press, 1988), p. 145. Aparentemente, Anselmo se refería a Isaías 7.9, citando una antigua versión en latín. Vea también Julián Marías, *Historia de la filosofía*, p. 140.
[48] G. K. Chesterton, *Saint Thomas Aquinas: The Dumb Ox* (New York: Image Books, 1956), p. 32.
[49] Tomás de Aquino, *Suma Teológica*, Parte 1, Cuestión 2, Artículo 3. < https://hjg.com.ar/sumat/a/c2.html>
[50] *Suma Teológica*, Parte 1, Cuestión 32, Artículo 1.
[51] *Summa Contra Gentiles*, 1.9. Ralph McInerny, ed., *Thomas Aquinas: Selected Writings* (London: Penguin Books, 1998), pp. 244–45. (Traducido del inglés por el autor.)

Los teólogos discuten bastante cuál es el enfoque de Aquino acerca del uso apropiado de la razón.[52] Sin embargo, está claro que, mientras no le da la prioridad a la razón por *sobre* la fe como nuestra autoridad *máxima*, sí le da un lugar muy alto a la razón, y manifiesta un alto grado de confianza en la razón humana. Además, al dejar que la razón funcionara independientemente, abrió la puerta para una separación peligrosa entre la fe y la razón. John Frame explica que Aquino distingue entre "filosofía" y "doctrina sagrada", y dice que, para Aquino, "la filosofía es gobernada por la razón humana, la doctrina sagrada por la fe".[53]

La Iglesia Católica todavía sostiene una posición vulnerable con respecto a la relación entre la fe y la razón. En la carta encíclica del Papa Juan Pablo II, *Fides et Ratio* (1998), el Papa dice que hay un peligro en separar la fe de la razón. Insiste en que hay una sola verdad y que éstas no deben separarse. Sin embargo, concluye que, tanto a la fe como a la razón debemos concederle su respectiva *autonomía*.[54]

EL GIRO HACIA ABAJO EN LA FILOSOFÍA MODERNA TEMPRANA

El pensamiento moderno se convierte en algo secular, y la revelación ya no es la fuente de la verdad. Dios ya no es el

---

[52] Francis Schaeffer lo criticó por haber hecho una dicotomía entre la fe y la razón, o entre la naturaleza y la gracia (*Huyendo de la razón*), mientras otros como R. C. Sproul opinan que muchos protestantes no han entendido correctamente a Aquino, que él no quiso hacer tal separación. (Vea Sproul, *Defending Your Faith*, Wheaton: Crossway, 2003, p. 79).

[53] John Frame, *A History of Western Philosophy and Theology* [Una historia de la filosofía y teología occidental] (Phillipsburg, NJ: P&R Publishing, 2015), pp. 144-46.

[54] Juan Pablo II, *Fides et Ratio* (14 de septiembre de 1998), <https://www.vatican.va/content/john-paul-ii/es/encyclicals/documents/hf_jp-ii_enc_14091998_fides-et-ratio.html> Vea secciones 9, 16, 17, 45, y 48.

centro de la atención, sino el hombre. Comienzan con la seguridad para luego caer en el escepticismo.

Uno de los temas que la filosofía moderna enfrentaba era si la verdad es subjetiva u objetiva. Algunos consideran que la verdad está en nuestra mente (subjetiva) y que nuestra razón la encuentra y la procesa. Otros creen que la verdad está fuera de nuestra mente (objetiva), y que tras observarla usando nuestros cinco sentidos, la procesamos con nuestra razón.

Sir Francis Bacon (1561-1626 d.C.)

Alejándose de la fe medieval en la revelación, Bacon propuso el método científico inductivo para encontrar la verdad. Reaccionó en contra de la lectura de las antiguas obras de pensadores anteriores. Prefería un estudio fresco de la naturaleza que utilizara su propia capacidad de observación. La creencia de que descubrimos la verdad por medio de la observación, usando nuestros cinco sentidos, se llama el *empirismo*. Bacon tenía confianza en su capacidad para encontrar la verdad a través del método empírico. Dice:

> El método verdadero de la *experiencia* prende la vela, y después con la vela ilumina el camino.[55]

René Descartes (1596-1650)

Descartes se encerró en una "estufa" (¿una sala con estufa?) para un día de meditación, y adoptó el criterio de que no aceptaría como verdad nada de lo que pudiera dudar.[56] Su primera conclusión fue que no podía dudar de que él mismo existiera, puesto que estaba pensando. ("Cogito

---

[55] *The New Organon*, citado en Durant, p. 102.
[56] *Discurso del método*. Vea:
<http://www.literature.org/authors/descartes-rene/reason-discourse/>

ergo sum", "Pienso, luego existo.")[57] Sobre esta base, desarrolló otros postulados, como la existencia de Dios. Razonó que su noción de Dios tendría que venir de Dios mismo.

La imagen de Descartes encerrado, pensando dentro de sí mismo, ilustra gráficamente la perspectiva subjetiva de la verdad. Tiene un nuevo punto de partida: la mente del individuo. Su metodología lógica subjetiva se denominó el *racionalismo*.

Racionalismo

John Locke (1632-1704)

Como Bacon, Locke también confiaba en la observación empírica. Creía que no había ideas innatas, ideas previas a la experiencia. Para él la realidad está fuera de la mente. La mente es una "tabula rasa", un pizarrón blanco que recibe sensaciones desde fuera, causadas por las cualidades de las cosas (empirismo). Después, la mente refleja sobre sus observaciones, y puede desarrollar ideas más complejas. Bacon, Descartes, y Locke creían que el conocimiento era posible. Estos tres dan comienzo a un nuevo ciclo de seguridad-inseguridad.

---

[57] *Discurso.* Vea Gianini, *Esbozo*, p. 138

David Hume (1711–76)

Hume era empirista escéptico. Aunque aceptaba el método de conocer por observación, cuestionaba la verdadera existencia de las cosas. Concluyó en que solamente existen las percepciones. También insistió en que no podemos predecir nada sobre la base de nuestra experiencia previa. Es decir, aunque percibimos regularmente una serie de fenómenos de causa y efecto (como la salida del sol en la mañana), no podemos garantizar que estos fenómenos vayan a repetirse.

> Lo contrario de cualquier hecho es siempre posible... La proposición "El sol no saldrá mañana" no es menos inteligible y no implica mayor contradicción que la afirmación "mañana saldrá el sol".

> ¿Y no se puede acaso concebir clara y distintivamente que un cuerpo que cae de las nubes y que en todos los demás aspectos parece nieve, tenga gusto a sal y queme como el fuego?... [58]

Mi profesor de filosofía nos preguntó una vez, "¿Qué diría Hume si le preguntara, 'Si un árbol cae en un bosque, pero no hay nadie para escucharlo, ¿hubo sonido realmente?'" La mayoría de los alumnos quería demostrar que sabían que Hume era escéptico, y contestaron, "Hume diría que no." Pero el profesor dijo, "No. Hume diría, '¿Qué bosque?'"

---

[58] David Hume, *Investigación sobre el entendimiento humano*, citado en Giannini, *Esbozo*, p. 171.

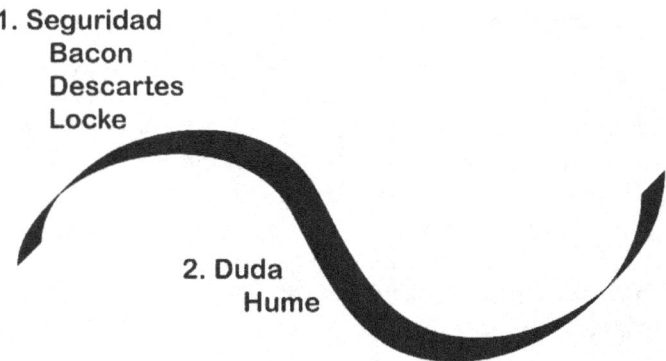

1. Seguridad
   Bacon
   Descartes
   Locke

2. Duda
   Hume

Si empezamos a cuestionar nuestras percepciones, no es difícil caer en un escepticismo inquietante. A los psicólogos les gusta mostrar imágenes que puedan interpretarse de diferentes maneras, como la siguiente figura.

[59]

---

[59] "What You See in This Famous Optical Illusion Could Reveal How Old You Are," Live Science, < https://www.livescience.com/63645-optical-illusion-young-old-woman.html > (29 de julio, 2024).

Algunos ven a una anciana; otros ven a una joven. Si mira con atención, puede cambiar entre una perspectiva y otra. Esto cuadro se puede utilizar para diferentes propósitos. Algunos simplemente quieren mostrar que podemos percibir las cosas de maneras diferentes. Algunos podrían decir que esto demuestra que no podemos confiar en nuestras percepciones. Otros pueden sugerir que no existe una verdad absoluta; sólo hay percepción subjetiva. (Lo que es verdad para ti es válido para ti y lo que es verdad para mí es válido para mí.) Esto puede ser desconcertante.

Hay un punto válido que se puede sacar de esta imagen: frecuentemente percibimos cosas de una manera diferente. No obstante, esto se convierte en un problema cuando estas diferencias de percepción se llevan al extremo de negar la existencia de verdades absolutas o de negar la posibilidad del conocimiento de la verdad, como si no hubiera una respuesta correcta o como si dos respuestas contrarias fueran correctas. El hecho es que el cuadro está genialmente dibujado para representar dos perspectivas. El que dice simplemente que es una anciana ha observado solamente una perspectiva parcial, y el que dice simplemente que es una joven ha observado solamente otra perspectiva parcial. Ninguna de las dos afirmaciones es totalmente correcta. La única explicación completamente correcta es que es una imagen que se puede ver de dos maneras. Además, el mundo real no es como el dibujo; no existe una mujer que tenga al mismo tiempo 18 y 80 años.

Si tomamos en cuenta a Dios, podemos evitar el problema de perder la verdad absoluta. Dios sabe perfectamente que el dibujo de la mujer es una ilusión que nos permite ver a una mujer joven o a una anciana. Sabe que no existe una mujer real que sea a la vez joven y vieja. Aunque no haya ningún hombre en el bosque para escuchar cuando cae el árbol, Dios sí lo escucha y Él sabe que existe el bosque. El mundo no es una ilusión, y lo que percibimos no es un sueño. Aunque nuestras percepciones pueden variar, podemos confiar en que Dios nos ayudará a percibir las cosas con la suficiente exactitud para vivir adecuadamente en este mundo y comunicarnos entre nosotros. Dios no juega con nosotros como quien juega con los cuadros de ilusiones ópticas. Sin embargo, si dejamos a Dios fuera del esquema, no tenemos con qué asegurar nada. Así es como la filosofía moderna cayó en la incertidumbre...y la desesperación.

EL BAJÓN DE LA DESESPERACIÓN

El escepticismo lleva a la desesperación, y la desesperación lleva a la degradación moral. Una vida consecuente con la negación de Dios y la verdad absoluta se convierte en una vida abusiva y centrada en sí misma. Miraremos dos representantes de esta etapa, el Marqués de Sade y Friedrich Nietzsche.

Note que, en comparación con los griegos, entre los filósofos modernos, hay una variación cronológica en la línea de la inseguridad. Aunque los filósofos griegos en la categoría de la desesperación (Gorgias y Crátilo) llegaron antes que aquellos que luchaban por salvar la verdad (Sócrates, Platón y Aristóteles), el orden es diferente entre los filósofos modernos. El Marqués de Sade era contemporáneo con algunos filósofos de la etapa de la lucha y Nietzsche vino cien años después.

Marqués de Sade (1740-1814)

Aunque normalmente no sería considerado un "filósofo" en el sentido más estricto de la palabra, quisiera incluir a este escritor porque ilustra las consecuencias de la desesperación. El Marqués de Sade (Donatien Alphonse François) fue conocido por su libertinaje y por recibir placer de la crueldad sexual. De él se deriva el término "sadismo".[60] Cínico y dedicado a sus vicios, no le preocupaban las consecuencias de sus acciones. Escribió:

> Creado por la naturaleza con inclinaciones ardorosas, con pasiones fortísimas, únicamente colocado en este mundo para entregarme a ellas y para satisfacerlas....

> Renuncia a la idea del otro mundo, no lo hay, pero no renuncies al placer de ser feliz y de hacer la felicidad en éste.[61]

> ...Si, como te han dicho, hay un infierno en el que serán castigados los que se abandonen al vicio, entonces no cabe duda de que habremos de arder en él. Pero, como diría Blangis, un infierno habitado por los de nuestra misma especie, a pesar de todas las torturas, es mucho más deseable que un cielo ocupado por las criaturas monótonas a quienes se nos presenta como modelos de virtud.[62]

---

[60] <http://www.epdlp.com/sade.html>, Obras de Sade: Justine o los infortunios de la virtud (1791), Juliette o las prosperidades del vicio (1796), Los 120 días de Sodoma and La filosofía en el tocador (1795) (visto el 29 de agosto, 2005)

[61] Marqués de Sade, *Diálogo entre un sacerdote y un moribundo*, 1782, <http://www.ciudadseva.com/textos/cuentos/fran/sade/dialogo.htm> (24 de agosto, 2005). Vea también Marquis de Sade, "Dialogue between a Priest and a Dying Man," Justine, *Philosophy in the Bedroom, and Other Writings*, trad. Austryn Wainhouse y Richard Seaver (Jackson, TN: Grove Press, 1994), 165–66, 174.

[62] Epílogo de *Las 120 Jornadas de Sodoma*, 1785, <http://www.gratisweb.com/daf_de_sade/Aportaciones.html> (29 de agosto, 2005) Vea también Marquis de Sade, *Afterword to 120 Days of Sodom, The Complete Marquis de Sade*, trad. Paul J. Gillette (Los Angeles: Holloway House, 2005), 301.

Friedrich Nietzsche (1844-1900)

Hijo de un pastor protestante, Nietzsche es famoso por haber declarado que Dios está "muerto". Aparentemente con esto quiso hacer un comentario acerca del cambio en creencias en su época, pero él también negaba al Dios de la Biblia. Niega que la vida tenga propósito, y niega la moralidad en el sentido tradicional.

Sugiere que el cristianismo promueve una ética de debilidad. Para Nietzsche, todo lo débil, enfermo, y fracasado es malo.[63] Según él, conviene ser más como el "Übermensch" (Super-hombre), quien se ha liberado de las normas éticas impuestas desde afuera, y sabe crear sus propias normas éticas e imponer su propia voluntad. Dice, "Mi fórmula es ésta: la vida es voluntad de poderío".[64] Nietzsche considera que la "grandeza" no es solamente la capacidad de sufrir, sino también la capacidad de hacer sufrir a otros, sin sentirse mal.

> ¿Quién puede lograr algo grande si no siente in sí mismo la fuerza y la voluntad de causar gran dolor? La capacidad de sufrir es un asunto pequeño,...Pero no perecer de angustia interna o de duda cuando uno causa gran sufrimiento y escucha el llanto de él -- eso sí que es grande, eso pertenece a la grandeza.[65]

Trate de sentir la emoción del siguiente cuento de Nietzsche. Es difícil encontrar una mejor descripción del sentimiento de desorientación y desesperación causado por la falta de fe en Dios.

---

[63] Julián Marías, *Historia de la filosofía* (Alianza Universidad Textos), p. 353.

[64] "La voluntad de dominio" *Los filósofos modernos* (Madrid: Biblioteca de Autores Cristianos, 1976), p. 247.

[65] De *El Gay Saber*, citado en Colin Brown, *Philosophy and the Christian Faith* (Chicago: Inter-Varsity Press, 1969), p. 140. (translated from English by the author).

¿No habéis oído hablar de ese hombre loco que, en pleno día, encendía una linterna y echaba a correr por la plaza pública, gritando sin cesar: "Busco a Dios, busco a Dios"?

Como allí había muchos que no creían en Dios, su grito provocó la hilaridad. "Qué, ¿se ha perdido Dios?", decía uno. "¿Se ha perdido, como un niño pequeño?", preguntaba otro. "¿O es que está escondido? ¿Tiene miedo de nosotros? ¿Se ha embarcado? ¿Ha emigrado?" Así gritaban y se reían en confusión. El loco se precipitó en medio de ellos y los traspasó con su mirada.

"¿Dónde se ha ido Dios? Yo os lo voy a decir", les gritó. "¡Nosotros le hemos matado, vosotros y yo! ¡Todos nosotros somos sus asesinos! Pero ¿cómo hemos podido obrar así? ¿Cómo hemos variado el mar? ¿Quién nos ha dado la esponja para borrar el horizonte? ¿Qué hemos hecho cuando hemos separado esta tierra de la cadena de su sol? ¿Adónde la conducen ahora sus movimientos? ¿Lejos de todos los soles? ¿No caemos sin cesar? ¿Hacia adelante, hacia atrás, de lado, de todos lados? ¿Todavía hay un arriba y un abajo? ¿No erramos como a través de una nada infinita? El vacío, ¿no nos persigue con su hálito? ¿No hace más frío? ¿No veis oscurecer cada vez más, cada vez más? ¿No es necesario encender linternas en pleno medio día? ¿No oímos todavía el ruido de los sepultureros que entierran a Dios? ¿Nada sentimos aún de la descomposición divina? ¡También los dioses se descomponen! ¡Dios ha muerto! ¡Y somos nosotros quienes le hemos dado muerte!" [66]

Aunque él mismo no aceptaría la clasificación, la filosofía de Nietzsche ha sido llamada el *nihilismo*. El término viene de la palabra *nihil* en latín, que significa *nada*. Nietzsche quería evitar el nihilismo, pero sus postulados llevan a negar a Dios y el significado de la vida. Él mismo decía que la venida del nihilismo, con la creencia en la "falta de valor" y la "falta de sentido" era inevitable.

Todo el idealismo de la humanidad que hasta ahora ha existido se debe transformar con el pensamiento en el nihilismo, en la creencia en la absoluta falta de valor, o sea en la falta de sentido. [67]

A pesar de que Nietzsche rechazó la ética cristiana en teoría, felizmente, no vivió totalmente consecuente con su enfoque. Incluso, ¡el último acto que realizó antes de enfermarse mentalmente fue tratar de ayudar un caballo! Vio que un hombre lo estaba golpeando, fue a abrazar el cuello del animal, y colapsó en el suelo. Nunca se recuperó de su enfermedad por el resto de su vida. [68]

---

[66] Nietzsche, *El gay saber*, selección citada en *Los filósofos modernos; selección de textos,* tomo II (Madrid: Biblioteca de autores cristianos, 1976), p. 237.

[67] Nietzsche, "La voluntad de dominio", *Filósofos modernos*, tomo II, p. 250.

[68] Kathleen M. Higgins y Robert C. Solomon, *Introduction to Thus Spoke Zarathustra*, trad. Clancy Martin (New York: Barnes and Noble, 2005), p. vi.

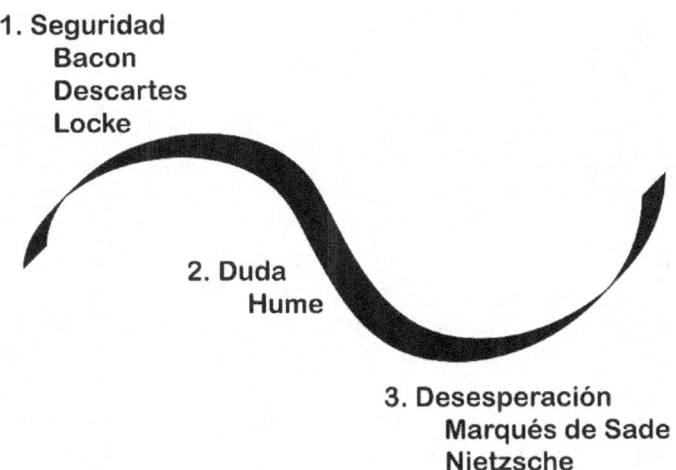

1. Seguridad
   Bacon
   Descartes
   Locke

2. Duda
   Hume

3. Desesperación
   Marqués de Sade
   Nietzsche

LA LUCHA

Del mismo modo como la filosofía griega produjo unos pensadores que sobresalieron, también lo hizo la filosofía moderna. Al igual que Sócrates, Platón, y Aristóteles entre los griegos, ellos buscaban rescatar el conocimiento del hoyo del escepticismo.

Emanuel Kant (1724-1804)

Kant propuso que el conocimiento viene de una combinación de percepción y un proceso mental que recibe y trabaja con las percepciones. Aunque las cosas existen fuera de la mente, no podemos conocerlas sin la influencia impuesta por nuestro propio filtro mental, el cual procesa los datos. Una cosa existe solamente como algo percibido. No es posible separar el objeto percibido del sujeto que lo percibe.[69] Duncan Richter compara nuestra mente, según el

---

[69] Emanuel Kant, *Crítica de la razón pura* (Buenos Aires: Losada, 1979), tomo 1, p. 147 (Introducción).

enfoque de Kant, con una radio que es bombardeada con olas de sonido y las convierte en palabras y canciones coherentes.[70]

Kant también anticipaba el problema de la pérdida de libertad, si el único mundo que existe es solamente material. Todas las cosas en el mundo físico obedecen las leyes de causa y efecto, y si el hombre también es parte de este proceso natural inevitable, ¿cómo puede ser libre? Esto es determinismo. Pero el hombre parece estar de alguna manera fuera de la esfera del determinismo. Para explicar esto, Kant distinguía entre el mundo de los "noúmenos" (del término griego *nous*, que significa *mente*, o *pensamiento*) y el mundo de los "fenómenos", el mundo metafísico y el mundo físico (concepto semejante al pensamiento de Platón). La "razón pura" funciona solamente en el mundo físico, mientras la "razón práctica" funciona en el mundo metafísico. Esta distinción nos recuerda de la separación que hizo Tomás de Aquino entre el uso de la razón y el uso de la fe.

NOÚMENOS

Razón Práctica   LIBERTAD

Ética

- -

FENÓMENOS

Razón Pura   DETERMINISMO

Ciencia

---

[70] Duncan Richter, "Kant for Beginners" [Kant para principiantes] <http://academics.vmi.edu/psy_dr/Kant%20for%20beginners.htm > (18 de abril, 2007).

El problema es que las cosas del mundo de los *noúmenos* no son conocibles. Están en un "océano tempestuoso" cubierto con "neblina" alrededor de la isla de la razón pura.[71] Mientras Kant pretendía rescatar la libertad y la ética con su esquema, el resultado desafortunado fue la pérdida de confianza en el mundo metafísico, que incluye asuntos espirituales. Ahora se confía más en la ciencia que en la religión. Es casi universalmente aceptado que algo que se puede "probar científicamente" es más confiable que algo relacionado con Dios y las cosas espirituales.

Georg W. F. Hegel (1770-1831)

Hegel trajo un cambio radical en el pensamiento occidental. Para Hegel, la realidad verdadera es básicamente una, y no es material, sino espiritual. En alemán Hegel la llama el *Geist* (espíritu, mente, razón), el ser interior del mundo. El *Geist* incluye toda la historia, la naturaleza, y el pensamiento humano. Todo, incluyendo el conocimiento, está en un proceso dinámico de desarrollo.[72]

> Lo verdadero es el todo. Pero el todo es
> solamente la esencia que se completa
> mediante su desarrollo.[73]

Hegel propuso la noción de la *dialéctica*, en la que todos los aparentes conflictos son resueltos y reconciliados. En vez de ver dos posiciones aparentemente en conflicto (una tesis y una antítesis) como dos opciones mutuamente exclusivas, debemos verlas como dos aspectos diferentes de una verdad

---

[71] Emmanuel Kant, *Crítica de la razón pura*, tomo 2, p. 9 (Libro II, capítulo 3).
[72] G.W.F. Hegel, *Fenomenología del espíritu* (México: Fondo de Cultura Económica, 1966), pp. 12, 19-21, 469.
[73] Hegel, *Fenomenología*, p. 16.

más grande. Debemos esperar que se unirán en una síntesis. A su turno, cada síntesis llega también a ser una nueva tesis, la que se une con otra antítesis para formar una nueva síntesis. Este proceso dialéctico continúa indefinidamente. Es una especie de evolución espiritual.

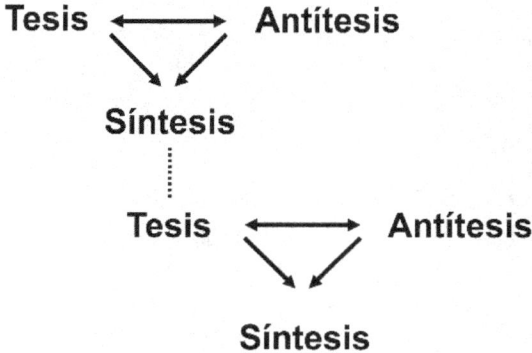

Las religiones del mundo sirven como ejemplo. Según la dialéctica, el hombre ha pasado por distintas etapas de creencia, pero ninguna etapa realmente contradice la etapa anterior. Cada religión simplemente forma parte del proceso de desarrollo del pensamiento.

Según Hegel, la verdad es como una planta que crece, produce un botón de flor, y después la flor. Finalmente produce una fruta. Algunos dirían que la flor y el botón están en conflicto, que la flor refuta el botón y lo destruye. Hegel dice que no hay conflicto, que el botón está todavía presente en la flor. Lo mismo sucede con la flor y la fruta.[74]

---

[74] Fenomenología, p. 8.

Esto nos recuerda de la filosofía de Heráclito, en que todo está unido y en movimiento continuo. El problema es que tiende a cambiar la manera en que usamos la lógica en nuestro pensamiento. Si Hegel tiene razón acerca del *Geist* y la dialéctica, eventualmente todo será verdad. Esto nos deja sin la verdad absoluta.[75]

José Ortega y Gasset (1883-1955)

Aunque algunos de los existencialistas parecían pesimistas y desesperados, será mejor incluirlos entre los que están luchando por encontrar la verdad. La esencia del existencialismo es resistir las consecuencias del nihilismo, buscar el sentido de la vida, y buscar la libertad del hombre. Aunque la vida parece absurda, el hombre puede tomar sus propias decisiones y determinar su propio significado.[76] Alberto Camus dijo: "En las profundidades más oscuras de nuestro nihilismo, sólo he buscado los medios para trascender el nihilismo."[77]

---

[75] John Frame, *A History of Western Philosophy and Theology*, 270-277.
[76] T. Z. Lavine, *From Socrates to Sartre: The Philosophic Quest* (New York: Bantam Books, 1984), pp. 328–82.
[77] De *L'Été* citado por James Sire en *The Universe Next Door: A Basic Worldview Catalogue* (Downers Grove, IL: InterVarsity Press, 1997), 95. En español, *El universo de al lado*, Grand Rapids: Libros Desafío, 2006..

Ortega y Gasset es considerado "en el mundo de habla hispana, el filósofo más admirado y con mayor seguimiento en ambos lados del Atlántico"[78] Propone que el hombre es su entorno, su historia, pero acepta el énfasis existencialista en la libertad del hombre para determinar su propio significado. Reconoce que esta libertad produce inquietud.

> Pero el hombre no sólo tiene que hacerse a sí mismo, sino que lo más grave que tiene que hacer es determinar *lo que* va a ser.

> Lo único que hay de ser fijo y estable en el ser libre es la constitutiva inestabilidad. [79]

Jean Paul Sartre (1905–80)

Para Sartre también la vida parece absurda y la libertad produce miedo. Sartre describió la lucha para encontrar su identidad en la novela *La náusea*. Antoine Roquentin se mira en el espejo, hasta que ya no pueda reconocerse. Solamente ve "carne insulta que se expande y palpita con abandono". Sus ojos le parecen "algo vidrioso, blanco, ciego, bordeado de rojo, como escamas de pescado", y su cara es como un "mapa geológico en relieve".[80] Yo veo una analogía entre la perspectiva de Sartre y la descripción de la música jazz que escucha Roquentin. Aunque la vida debe tener una melodía, a veces los eventos parecen incontrolables y sin sentido, como las notas de jazz que aparentemente vienen y se van en forma impredecible.

---

[78] Alfonso Ropero, *Introducción a la filosofía; una perspectiva cristiana* (Barcelona: CLIE, 1999), p. 525.

[79] José Ortega y Gasset, *Historia como sistema*, citado en *Los filósofos modernos*, pp. 492-493.

[80] Jean Paul Sartre, *La Náusea* (Buenos Aires: Losada, 1973), pp. 27-28.

> Por el momento, toca el *jazz*; no hay melodía, sólo notas, una miríada de breves sacudidas. No conocen reposo; un orden inflexible las genera y destruye, sin dejarles nunca tiempo para recobrarse, para existir por sí.[81]

Si mantenemos un orden cronológico estricto, la "línea de inseguridad" en la filosofía moderna parece menos sencilla, en comparación con la filosofía griega. Esto se debe a que Nietzsche interrumpe la línea esperada y vuelve a caer en la desesperación nihilista. Por lo tanto, tenemos que dividir la etapa de desesperación en dos partes y también el período de lucha.

1. Seguridad
Bacon
Descartes
Locke

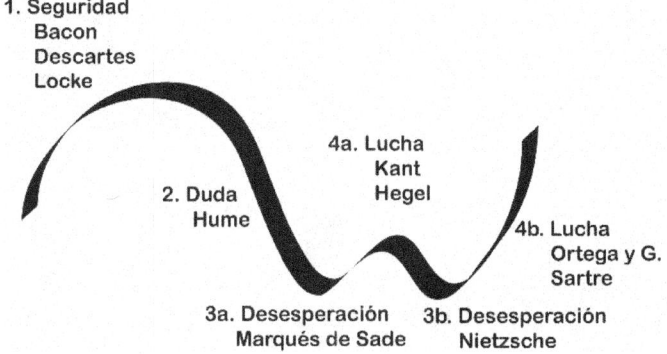

4a. Lucha
Kant
Hegel

2. Duda
Hume

4b. Lucha
Ortega y G.
Sartre

3a. Desesperación
Marqués de Sade

3b. Desesperación
Nietzsche

EL ESCEPTICISMO CON ÉNFASIS EN LA ÉTICA

Al terminar un semestre de un curso de filosofía sobre la ética, todos los alumnos concluimos que ni siquiera los grandes filósofos sabían mucho acerca de la ética. Después de discutir todas las opciones presentadas, cada enfoque parecía tan indefendible como el otro. Mis compañeros decían, después de todo, cada uno tiene que decidir lo que para sí

---

[81] Sartre, *La náusea*, p. 34.

mismo resulta correcto. En medio de toda esta confusión, nos contaron un chiste. Creo que este chiste da risa solamente en un momento de mucha frustración, como era el que teníamos en ese momento, pero ilustra la inconsecuencia de la última etapa en la línea de la inseguridad.

Se trata de dos hombres que van por el desierto a caballo. De pronto uno de ellos salta del caballo sobre un cactus. El otro, sorprendido al verlo colgado sobre el cactus le pregunta, "¡Idiota!, ¿Por qué hiciste eso?" Sangrando en todo el cuerpo, el primero le responde, "No lo sé, ¡En el momento me pareció buena idea!" En realidad, si no existen absolutos, si no hay fundamentos para definir lo bueno y lo malo, ¿quién puede decirle que fue una mala idea?

Tal como sucedió entre los griegos, los modernos abandonan la seguridad del conocimiento, pero deciden que no dejarán que esto les impida seguir adelante. Simplemente se resignan frente al hecho de que las cosas son así, y que de todas maneras hay que desenvolverse en este mundo lo mejor que se pueda.

La teología liberal y la teología de la liberación

La teología liberal (o modernista) asume una postura de escepticismo frente a la verdad mientras pone énfasis en la ética. Abandonaron el fundamento de la inspiración infalible de las Escrituras, pero continuaron en su defensa de sus principios éticos.[82]

Consideremos un solo ejemplo, José Míguez Bonino, de Argentina. Él representa un tipo especial de *teología liberal* denominada la *teología de la liberación*, la cual fue muy popular en América Latina. La teología de la liberación es una combinación extraña de marxismo y teología liberal.

---

[82] Ejemplos de algunos teólogos considerados "modernistas" incluyen Friedrich Daniel Ernst Schleiermacher, Adolf von Harnack, Rudolf Bultmann, y Paul Tillich.

José Míguez Bonino

Bonino comienza expresando una preocupación por la pobreza y la injusticia, y luego desarrolla una defensa "teológica" de los movimientos políticos que luchan por derribar las estructuras capitalistas de poder. Detrás del movimiento sociopolítico hay una hermenéutica que parte de la *praxis* en vez de las Escrituras. Para él, hacer teología no es simplemente una reflexión cognitiva sobre ideas abstractas.

Bonino cree que la verdad está en la historia, no en conceptos abstractos. Conocer la verdad significa experimentarla, no solo pensarla. Él acepta una teoría de las comunicaciones que elimina certeza. Para él, el significado de cualquier comunicación entre dos personas involucra la situación completa: el tono de voz, los gestos, el trasfondo de cada persona, y un número infinito de factores alrededor. Ya que existe una infinidad de factores imposibles de comunicar, tampoco es posible estar seguro de la precisión del mensaje dado y recibido. ¡Nos recuerda a Gorgias! Para Bonino, este problema afecta también la comunicación entre Dios y el hombre; es imposible estar seguro de que entendemos el mensaje de Dios.[83]

A pesar de esta inseguridad, Bonino tiene convicciones fuertes acerca de la injusticia las soluciones, es decir, opiniones éticas. Pide que nos comprometamos con la revolución marxista a fin de ayudar a los pobres y oprimidos. Admite que la cooperación entre los cristianos y los marxistas es una "alianza inquietante", ¡y que la teología de la liberación podría estar equivocada!

> Que nadie piense entonces, que yo esté proclamando la "teología de la liberación", tal como se ha manifestado en América Latina, como *la* teología para

---

[83] José Míguez Bonino, *La fe en busca de eficacia* (Salamanca: Ediciones Sígueme, 1977) pp. 118, 119.

el nuevo mundo, o como el precursor de un cristianismo nuevo. Es simplemente una respuesta inicial y ambigua, y una percepción tenue de una nueva tarea y una nueva responsabilidad. Está destinada a morir. Que Dios permita que su vida y su muerte sean fructíferas.[84]

El postmodernismo

Obviamente, el postmodernismo no está incluido en un estudio de la filosofía *moderna*. Pero no podemos dejar de mencionarlo en nuestro repaso, puesto que explica un aspecto de la situación que hemos presenciado en las décadas recientes. Donald A. Carson dice que no se habla tanto del postmodernismo en muchas universidades estadounidenses como se hacía anteriormente. Sin embargo, agrega que "no ha sido reemplazado por otro movimiento identificable" y que su influencia aún se siente.[85]

l postmodernismo no es exactamente una filosofía, sino un término para describir un complejo de tendencias culturales, que incluyen el arte, la música, y los valores morales (¡o su ausencia!). El nombre sugiere una reacción frente al modernismo. La filosofía moderna comenzó con la confianza en la razón y la ciencia, pero el postmodernismo ya no confía en ellas. A los postmodernos ya no les inquietan tanto las discusiones filosóficas. Gilles Lipovetsky, considerado un representante del pensamiento posmoderno,

---

[84] José Míguez Bonino, «New Trends in Theology», *Duke Divinity School Review* 42 (Fall, 1997): 141,142.

[85] Donald A. Carson, *Christ and Culture Revisited*. [Cristo y cultura; una nueva aproximación] (Grand Rapids: Eerdmans, 2012). Prefacio para una versión publicada en 2012. La primera edición fue publicada en 2008.

dice, "la sociedad posmoderna es aquella en que reina la indiferencia de las masas".[86] Antonio Cruz explica:

> El individuo postmoderno, quizá por culpa de la avalancha informativa que debe soportar diariamente, se ha transformado en un vagabundo de las ideas. No suele aferrarse sinceramente a nada. Carece de certezas absolutas. No parece sorprenderse por casi nada y, desde luego, nada le quita el sueño. Hoy se cambia de opinión con la misma facilidad que de camisa.[87]

Probablemente la mejor palabra para describir el postmodernismo es "ecléctico"; cualquier cosa está bien. Richard Rorty dice que el dicho popular para el postmodernismo es "la verdad se hace, no se encuentra".[88] Douglas Groothuis sugiere que la tendencia es pluralista, relativista, y nihilista. El arte postmoderno utiliza todo tipo de estilo y de formas, "sin coherencia visible".[89] La canción citada en el primer capítulo comunica claramente la idea de la fragmentación e incoherencia del postmodernismo. Algunos se sienten como si estuvieran mirando la vida "a través de los ojos del centro de una rueda". La vida parece "desorden, desorden, desorden".[90]

Ahora podemos apreciar mejor la pintura de Francis Bacon mencionada también en el primer capítulo, "Cabeza VI" (1949). Podemos entender por qué grita el hombre dentro

---

[86] Citado por Antonio Cruz en *Postmodernidad* (Barcelona: CLIE, 1996), 47.

[87] Antonio Cruz, *Postmodernidad* (Barcelona: CLIE, 1996), p. 52.

[88] Richard Rorty, *Contingency, Irony, and Solidarity* (Cambridge: Cambridge University Press, 1989), capítulo 1. Citado por Nancy Pearcey in *Total Truth*, p. 242.

[89] *Truth Decay* [Las caries en la verdad] (Downers Grove: IVP, 2000), pp. 239-262.

[90] "Toxicity" por *System of a Down*.

del cubo; él cree que es un "accidente". Hemos viajado lejos desde el primer Francis Bacon, Sir Francis Bacon, el filósofo del siglo 17, quien confiaba en la razón y en el método científico.

Observo algunos elementos refrescantemente positivos entre muchos jóvenes de hoy, elementos que manifiestan la gracia de Dios, en contraste con los aspectos negativos del postmodernismo. Por un lado, hay un énfasis saludable en la amistad y la lealtad interpersonal. Además, muchos jóvenes están genuinamente interesados en las cosas espirituales. Finalmente, creo que tendríamos que estar de acuerdo con su preocupación por mantener todo práctico. Sin llegar al extremo de eliminar el pensamiento teórico abstracto importante, debemos ofrecerles un mapa útil para la vida, como nos recordó Kierkegaard. Opinaba que guiarse por ciertas filosofías es como viajar por Dinamarca "con un pequeño mapa de Europa en que Dinamarca no es más grande que la punta de un bolígrafo".[91]

Con estas pinceladas de la filosofía moderna (y postmoderna), podemos completar la línea de la inseguridad. Al igual que en el repaso de los griegos, este resumen ha dejado de lado muchas complejidades. El propósito ha sido pedagógico, mostrando sólo tendencias generales. Lo más importante ha sido dejar en claro que el pensamiento no creyente conduce a la inseguridad.

---

[91] Søren Kierkegaard, *Concluding Unscientific Postscript to Philosophical Fragments* (Princeton, NJ: Princeton University Press, 1992), 310.

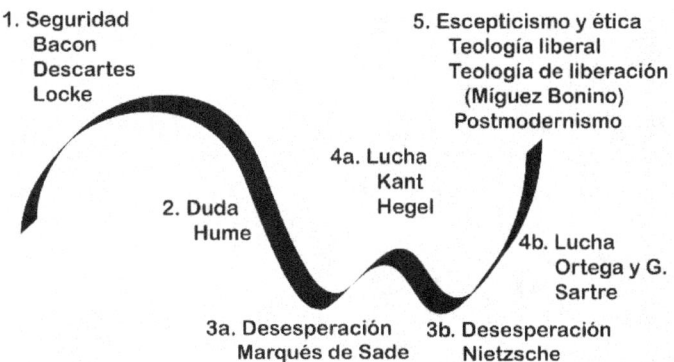

1. Seguridad
   Bacon
   Descartes
   Locke

5. Escepticismo y ética
   Teología liberal
   Teología de liberación
   (Míguez Bonino)
   Postmodernismo

4a. Lucha
    Kant
    Hegel

2. Duda
   Hume

4b. Lucha
    Ortega y G.
    Sartre

3a. Desesperación
    Marqués de Sade

3b. Desesperación
    Nietzsche

DINÁMICA DE GRUPO

Observen el cuadro de la joven/anciana en este capítulo. ¿Pueden ver las dos versiones? Ayúdense a ver las dos. Ahora observen otro objeto, como un escritorio o un árbol afuera. Conversen acerca de la dificultad en saber cómo otras personas ven el mismo objeto. Cuando digo que algo es "verde", ¿estoy pensando lo mismo que otros? ¿Cómo le afecta su sentido de seguridad el hecho de que cada uno puede percibir las cosas de una manera distinta? ¿Le hace sentir que todo es relativo? ¿Cuál es la solución para este problema?, desde el enfoque cristiano.

PREGUNTAS DE REPASO

1. Explique la diferencia entre las posiciones de Agustín, Anselmo, y Aquino con respecto a la relación entre la fe y la razón.
2. Identifique el significado de cada uno de los siguientes temas de la filosofía moderna:
   Racionalismo

Empirismo
Determinismo
Nihilismo
Existencialismo

3. Describa brevemente los pensamientos clave correspondientes a cada uno:

Sir Francis Bacon
René Descartes
John Locke
David Hume
Marqués de Sade
Emanuel Kant
G. W. F. Hegel
Friedrich Nietzsche
José Ortega y Gasset
Jean Paul Sartre
José Míguez Bonino

4. Describa brevemente la esencia de las siguientes escuelas de pensamiento:

Teología liberal
Teología de la liberación
Postmodernismo

5. Coloque a cada uno de los filósofos y las escuelas de pensamiento de las preguntas 3 y 4 en el lugar correspondiente en la "línea de la inseguridad".

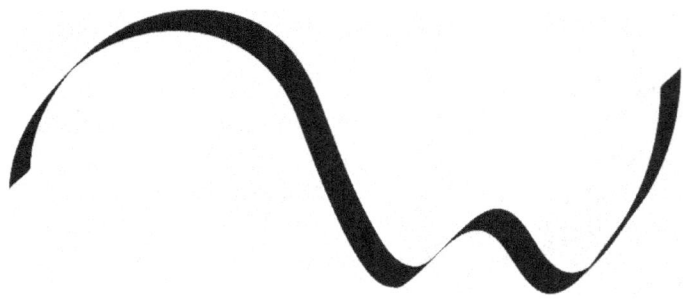

Preguntas para reflexión

1. ¿Qué opina usted de la relación entre la fe y la razón? ¿Cuál diría usted que es la relación que deben tener?

2. Antes de ser cristiano, ¿creía usted en alguna de las filosofías estudiadas en esta lección? ¿Cuál? Explique.

3. ¿Hay algún filósofo o escuela de pensamiento estudiada en este capítulo que le interesó especialmente? ¿Cuál? Explique por qué.

4. Si no fuera cristiano ahora, ¿cuál de las filosofías estudiadas en este capítulo probablemente expresaría su forma de pensar? Explique por qué.

5. ¿En qué hechos de la actualidad ve usted expresado el postmodernismo? Explique.

6. ¿Ha tenido contacto con la teología liberal de alguna manera, sea en una conversación, escuchando un mensaje, o leyendo un libro, por ejemplo? Explique su experiencia y cómo reaccionó usted.

4. CONCLUSIONES SOBRE EL NO CREYENTE

Uno de los peores desastres naturales en la historia de los Estados Unidos, el huracán Katrina, asaltó la costa del golfo de México en el año 2005. Durante la tempestad, todos observábamos con gran ansiedad a Nueva Orleans, puesto que la mayor parte de la ciudad está bajo el nivel del mar. Si bien existían muros de contención construidos alrededor de la ciudad, pensamos que no podrían resistir la fuerza de Katrina, de categoría cuatro, y que la ciudad se inundaría. Los temores dieron paso a la realidad, los muros se rompieron en tres lugares y la ciudad entera quedó bajo el agua. En realidad, la ruptura en un solo lugar habría sido suficiente para inundarla. El no creyente es como Nueva Orleans; puede que tenga muros de resistencia, pero en realidad es muy vulnerable, especialmente en el aspecto de la epistemología.

SUS PROBLEMAS CON LA VERDAD

Si para el propósito de la apologética tuviéramos que describir la epistemología del no creyente en una sola palabra, sería *insegura*. Este es el lugar más débil del no creyente; no sabe cómo puede estar seguro de algo. Es allí donde colapsa su cosmovisión cuando recibe desafíos. Si le preguntamos por qué cree lo que dice creer, y seguimos repitiendo la pregunta hasta llegar a su última respuesta, se dará cuenta del problema.

La historia de la filosofía occidental es una continua lucha por superar esta inseguridad. Y si tuviéramos usar una sola frase para describir la *raíz del problema* del hombre en relación con su búsqueda de la verdad, sería que *pretende ser el juez de la verdad*. Este fue el problema de Adán y Eva en el huerto de Edén, fue y la causa de la caída.

Nótese que la tentación presentada a Adán y Eva fue precisamente la de comer del árbol de la *ciencia*, o del *conocimiento*. Esto simbolizaba el intento por obtener la verdad por sí mismos, el intento de ser Dios. Cuando Satanás distorsionó la verdad y los desafiaba a rebelarse en contra de Dios, su mente comenzó a considerar las opciones. El proceso de la Caída comenzó cuando empezaron a preguntarse, "¿quién de los dos dice la verdad, Dios o la serpiente?" En ese momento, se hicieron a sí mismos jueces de la verdad sobre Dios mismo, pretendiendo ser independientes de Él.

Al terminar su proceso legal delante de Pilato, Jesús mismo, quien es "el camino, la verdad, y la vida" (Juan 14:6), escuchó del gobernador romano las palabras, "¿Qué es la verdad?" (Juan 18.38). Irónicamente, en lugar de escuchar a Jesús, la fuente de toda verdad, lo mandó a crucificar. Esto ilustra el más grande error del hombre; vemos la verdad frente a nuestros ojos y rehusamos aceptarla. En lugar de eso, la crucificamos y nos sentamos en el sitial de un juez sobre la verdad.

En los capítulos anteriores, aprendimos que los griegos siguieron el ciclo de: seguridad → duda → desesperación → lucha por rescatar el conocimiento, y → aceptando el escepticismo mientras ponían énfasis en la ética. La filosofía moderna europea siguió una línea parecida, y un individuo frecuentemente pasa por las mismas etapas. Una persona piensa que sabe algo, luego duda, y posiblemente caiga en un bajón de desesperación. Pero no puede vivir con la inseguridad total, así es que sigue luchando por obtener algún tipo de conocimiento. Termina admitiendo su escepticismo, pero no puede dejar de hablar de la ética, aunque esto sea incongruente con su escepticismo.

Al excluir a Dios como la fuente y la base de la verdad, pensando que usted puede decidir lo que es verdad, la inseguridad y la inconsecuencia son inevitables. Repasemos algunos de los problemas clave.

1) No hay certeza de percibir la verdad.

Si alguien piensa que la verdad es objetiva, que está fuera de sí mismo, y que él puede percibirla y procesarla (como Bacon y Locke), entonces enfrentará varios problemas: a) Hay una infinidad de cosas que saber, así que no podemos saber todo. b) Todo sigue cambiando. c) No podemos siempre confiar en nuestras observaciones. El resultado es la inseguridad.

Para una persona con este enfoque, le haría una pregunta que sé que no podrá contestar, como por ejemplo, "Existirá vida en la tierra en un millón de años?" o, "¿Existe una estrella a un millón de años luz directamente encima del polo norte?" Podría ser algo tan simple como, "¿Cuántos días lloverá en Miami el próximo año?" Estas preguntas son válidas, pero probablemente reconocerá que no puede contestarlas. Se da cuenta de que su campo de conocimiento en realidad está muy limitado. Además, ¿cómo puede estar seguro de que lo que percibe no es una especie de "realidad virtual," que el mundo real es otro mundo paralelo, como en la película "Matrix" o en el mundo afuera en la alegoría de la caverna de Platón? Sugeriría que, como hay muchas cosas que no sabe, ¿cómo puede estar seguro de que no existen otras verdades importantes que él no conoce, y que podrían cambiar totalmente su perspectiva del mundo? Si rechaza el cristianismo, ¿cómo sabe que este no es la verdad?

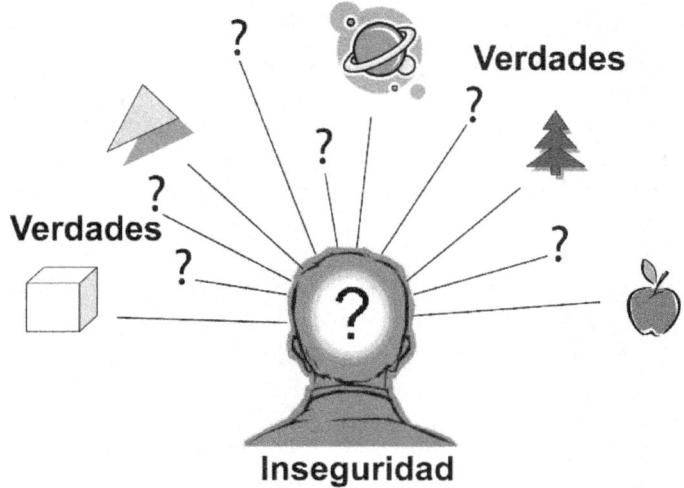

Verdades

Verdades

Inseguridad

2) No podemos determinar nuestra propia verdad.

Si alguien cree que la verdad es subjetiva y que podemos decidir en nuestras propias mentes lo que es verdad (como algunos existencialistas y postmodernistas), encontrará otros problemas: a) Existe un mundo real afuera de nuestras mentes que no podemos controlar. b) El hecho de pensar que algo es verdad no hace que sea verdad. c) No podemos siempre confiar en nuestra razón.

Si hablara con alguien que sostiene este enfoque, le preguntaría si puede redistribuir los muebles en la habitación al lado, simplemente por pensarlo en su mente. Sabrá que no puede. ¿Qué prueba esto? Simplemente que no se puede vivir en armonía con la idea de que su propia mente genera o determina la verdad. Conduce a una contradicción.

También le preguntaría si alguna vez cometió algún error en matemáticas. Si es honesto, admitirá que sí. Entonces, ¿cómo puede estar seguro de que no está cometiendo un error en su razonamiento que le ha llevado a rechazar el cristianismo?

Hace muchos años, la gente pensaba que la tierra era el centro del universo, pero eso no significaba que haya sido cierto. Cuando comenzaron a investigar los datos, se dieron cuenta de que muchas cosas simplemente no encajaban en ese esquema. Sólo cuando se dieron cuenta de que el sol era el centro pudieron dar una explicación coherente de los datos. Lo mismo sucede cuando uno comienza con su propia razón como base para conocer la verdad. Las cosas simplemente no encajan. De hecho, nunca encajarán hasta que uno se dé cuenta de que Dios es el centro de todo y la fuente de la verdad.

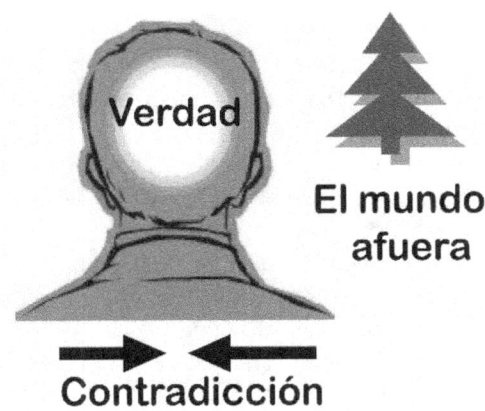

3) No podemos afirmar que no podemos conocer la verdad.

Otra opción es simplemente negar la posibilidad del conocimiento (como Gorgias). Sin embargo, esta posición tiene un problema aún más obvio. Se contradice al afirmar que no se puede afirmar nada. Si no puedo estar seguro de nada, ¿cómo puedo estar seguro de que no puedo estar seguro de nada? ¡Es como decir, "todo lo que digo es una mentira"! Volvemos a Cratilo; ¡es mejor no decir nada!

Mientras estudiaba en el seminario, trabajaba como supervisor en una biblioteca universitaria para pagar mis estudios. Había una alumna que trabajaba también allí con quien hablaba frecuentemente acerca de mi fe. En cierta ocasión me dijo, "¡No se puede estar seguro de nada!" Cuando le pregunté cómo podía estar tan segura de eso, se indignó y se fue. En un par de horas, volvió y exclamó, "¡*Creo* que no puedes estar seguro de nada!" Se dio vuelta y salió sin esperar una respuesta. Por lo menos se había dado cuenta de su inconsecuencia.

4) No podemos decir que todo enfoque es válido.

¿Ha escuchado a alguien decir, "Tú tienes tu verdad, y yo tengo la mía"? Actualmente se ha vuelto muy popular evitar el conflicto, y en nombre de la tolerancia aceptar cualquier cosa como verdad. Pero si todo es verdad, ¡entonces nada es verdad realmente!

Las verdades contienen en sí mismas la negación de otras creencias. Por ejemplo, si decimos que hay una sola manzana en el refrigerador, estamos negando que haya dos manzanas en el refrigerador. Si decimos que hay un solo Dios verdadero, estamos negando que existan otros Dioses verdaderos. No podemos creer consistentemente ambas cosas.

Seríamos como el joven que, en su proceso de rendir exámenes para ser pastor, se presentó delante de los oficiales de su iglesia para contestar preguntas de doctrina. Al preguntarle si creía en la divinidad de Jesús, dijo, "No niego la divinidad de Jesús; ¡no niego la divinidad de nadie!" El problema es que, si todos somos divinos, el concepto de divinidad pierde su significado. Si todos somos Dios, nadie es Dios.

Su problema con un universo impersonal

El incrédulo no sólo lucha con la incertidumbre y la contradicción debido a su visión de la verdad (epistemología); también lucha con la incertidumbre y la contradicción debido a su visión del ser (ontología). Los dos aspectos están interrelacionados. Enfocaremos aquí en cosmovisiones que consideran la realidad como una especie de unidad impersonal (monismo). Filósofos griegos como Heráclito creían que todo era uno. El concepto del *Geist* de Hegel y la teoría ateísta de la evolución son otros ejemplos del esquema.

El dilema inevitable en este esquema es que el hombre también constituye parte de esta unidad, de modo que pierde su identidad y libertad como individuo. Sin ningún punto externo de referencia, y sin Dios, quien está separado del universo y quien da sentido a todo, el hombre se pierde en un proceso impersonal determinista. Por lo tanto, aun sus propios pensamientos pierden sentido, porque también son determinados por el universo impersonal.

Si el universo no es más que un gran reloj, entonces el pensamiento humano es sólo el "tic tac" de este reloj. Y si es así, ¿cuál es el sentido de este pensamiento? Lo mismo podría decirse si el universo fuera sólo una gran unidad espiritual; los pensamientos existentes en él serían una reacción impersonal sin sentido.

Pensemos en la teoría de la evolución. Si el mundo no es más que el producto de un proceso impersonal de evolución, y no existe más que materia física, entonces mis pensamientos no son más que átomos en movimiento, una simple reacción química. Una manera cruda de decir esto es, "El cerebro secreta pensamientos, tal como el hígado secreta bilis."[92] Por lo tanto, ¿por qué debo pretender que mis pensamientos sean correctos? ¿Por qué deberían tener sentido? La teoría misma que acabo de proponer no es más que una reacción química. Cuando declaro esta teoría, estoy aserruchando la misma rama en que estoy sentado. En el mejor de los casos, nuestros pensamientos serían como una reacción animal. Darwin mismo escribió en una carta:

> Siempre surgirá la horrenda duda en cuanto a si las convicciones de la mente humana, la cual ha evolucionado de la mente de animales inferiores, realmente tienen valor o son confiables. ¿Debe alguien confiar en las convicciones de la mente de un mono, si es que en tal mente existen convicciones?[93]

C. S. Lewis cita el argumento sucinto de J. B. S. Haldane:

> Si mis procesos mentales están completamente determinados por los movimientos de los átomos en mi cerebro, no tengo razón ninguna para suponer que mis convicciones son verdaderas...y, por consiguiente, no tengo razón para suponer que mi cerebro esté formado por átomos.[94]

---

[92] Cabanis, citado en Sire, *Universe Next Door*, Downers Grove, Illinois: IVP, p. 98. En español, *El universo de al lado*, Grand Rapids: Libros Desafío, 2006.

[93] Citado en Sire, *Universe Next Door*, p. 83. Sire atribuye la cita a una carta a W. Graham (3 de julio, 1881), citado en *The Autobiography of Charles Darwin and Selected Letters* [La autobiografía de Charles Darwin y cartas selectas] (New York: Dover, 1892, republicado en 1958).

[94] *Possible Worlds* [Mundos posibles], citado por C. S. Lewis en *Los milagros* (New York: Rayo/HarperCollins, 2006), p. 28.

CARACTERÍSTICAS DEL HOMBRE SEGÚN LA BIBLIA

La Biblia describe características importantes del ser humano. Hay algunas verdades fundamentales que son especialmente importantes para la apologética.

1) Es la imagen de Dios.

¿Qué incluye esta imagen? Para entenderlo, piense en las diferencias entre el hombre y los animales. El hombre es creativo, es soberano sobre el resto de la creación, se relaciona socialmente con su prójimo, tiene un sentido moral y espiritual, tiene la capacidad para razonar, la capacidad para comunicarse con lenguaje, voluntad y emociones. Cuando despertamos en la mañana y nos obligamos a levantarnos, en contra del natural deseo de quedarnos unos minutos más en la cama, manifestamos nuestra voluntad. Cuando componemos una canción, pintamos una pintura, o escribimos un poema, mostramos nuestra creatividad. Cuando disfrutamos de un tiempo con la familia, revelamos nuestras emociones y la necesidad de mantener relaciones interpersonales. Cuando hablamos con nuestros amigos por teléfono, demostramos nuestras capacidades lingüísticas. La imagen de Dios se refleja en todo lo que hacemos.

> *Y dijo Dios: "Hagamos al hombre a Nuestra imagen, conforme a Nuestra semejanza; y ejerza dominio sobre los peces del mar, sobre las aves del cielo, sobre los ganados, sobre toda la tierra, y sobre todo reptil que se arrastra sobre la tierra".* (Génesis 1:26)

Juan Calvino dijo:

> No obstante, mantengo el principio que hace poco expuse: que la imagen de Dios se extiende a toda la

dignidad por la que el hombre supera a las demás especies de animales.[95]

Aun los pensadores no cristianos reconocen ciertos aspectos de la imagen de Dios en el hombre. Por ejemplo, Platón sabía que el hombre es más que un cuerpo físico, que tenía un alma; Aristóteles y Descartes destacaban la razón como instrumento de pensamiento, y Kant reconocía la libertad del hombre y su aspecto ético. Esto es clave, porque nos indica que hay algo a lo cual podemos apelar en el no creyente.

2) Sabe que Dios existe.

En segundo lugar, el hombre sabe que Dios existe. Según las Escrituras, no necesita que nadie lo convenza de que Dios existe. Dios se ha revelado a cada ser humano, a través de la creación y directamente a su corazón. Es tan evidente este sentido de la existencia de Dios, que algunos científicos recientemente están tratando de explicar el fenómeno, sugiriendo que está en los genes.[96] Lea el siguiente pasaje cuidadosamente, porque es uno de los pasajes bíblicos más importantes para desarrollar un enfoque de apologética:

Pues la ira de Dios se manifiesta desde el cielo contra toda impiedad e injusticia de los hombres que con injusticia detienen la verdad. Porque lo que de Dios se conoce es evidente entre ellos, pues Dios hizo que fuese

---

[95] Juan Calvino, *Institución de la religión cristiana,* trad. Cipriano de Valera, (Países Bajos: Fundación Editorial de Literatura Reformada, 1981), Libro I, Capítulo 15, Sección 3.
[96] Jeffrey Kluger, "Is God in Our Genes?," [¿Dios está en nuestros genes?] *Time*, Oct. 25, 2004, 62–72. El artículo hace un resumen del libro por Dean Hamer, *The God Gene: How Faith Is Hard-Wired Into Our Genes* (New York: Doubleday, 2004).

evidente. Porque lo invisible de él -- su eterno poder y deidad -- se deja ver desde la creación del mundo, siendo entendido en las cosas creadas; de modo que no tienen excusa. Porque habiendo conocido a Dios, no le glorificaron como a Dios ni le dieron gracias; más bien, se hicieron vanos en sus razonamientos, y su insensato corazón fue entenebrecido. Profesando ser sabios se hicieron fatuos, y cambiaron la gloria del Dios incorruptible por una imagen a la semejanza de hombre corruptible, de aves, de cuadrúpedos y de reptiles.
Por tanto, Dios los entregó a la impureza, en las pasiones de sus corazones, para deshonrar sus cuerpos entre sí. Ellos cambiaron la verdad de Dios por la mentira, y veneraron y rindieron culto a la creación antes que al Creador, ¡quien es bendito para siempre! Amén. (Romanos 1.18-25 RVR60)

Fíjese que Pablo aprovechó esto cuando dialogó con los filósofos epicúreos y estoicos en Atenas (Hechos 17). Había visto que, entre todos los ídolos, tenían uno dedicado al "Dios no conocido". Se dio cuenta de que esto revelaba una conciencia del Dios verdadero, y lo utilizó como un punto de contacto.

Entonces Pablo poniéndose en pie en medio del Areópago, dijo: "Varones atenienses, percibo que ustedes son muy religiosos en todo sentido. Porque mientras pasaba y observaba los objetos de su adoración, hallé también un altar con esta inscripción: 'AL DIOS DESCONOCIDO'. Pues lo que ustedes adoran sin conocer, eso les anuncio yo." (Hechos 17:22–23)

Esto también es sumamente importante para la apologética, porque nos indica que existe un punto de contacto con el no creyente. El problema es que el hombre reprime esta verdad y trata de esconderla.

Experimenté con este concepto en cierta ocasión con una señorita budista de Vietnam. Primero le pedí que me contara la historia del Buda. Cuando terminó, le pregunté si Dios lo había dejado entrar al cielo al morir. ¡Me sorprendí mucho de que me dijera que sí! Para estar seguro de que había entendido, le pedí que me aclarara: "¿Quieres decir que Dios estaba complacido con el Buda y le permitió entrar al cielo cuando murió?" De nuevo estuvo de acuerdo. Le dije, "¿Te das cuenta de que crees que existe Dios?"

3) Tiene la ley de Dios escrita en su corazón.

En tercer lugar, el hombre tiene un sentido de moralidad, una conciencia, y como consecuencia, un sentido de culpa. Aunque tenga distorsionados sus valores, tiene al menos una percepción general del bien y del mal. Como vimos en la historia de la filosofía, una de las últimas cosas que el hombre está dispuesto a soltar es la noción de la ética. Aunque sea escéptico en cuanto a la verdad, sigue hablando de ética. Muchas películas muestran la lucha entre el bien y el mal. Las religiones del mundo enseñan muchos valores morales en común. La literatura famosa revela el problema de una conciencia culpable. El sentido de bien y mal es un aspecto de la naturaleza humana que Dios le ha dado.

Este fenómeno es tan innegable que algunos científicos no creyentes tratan de explicarlo de acuerdo con el esquema evolucionista. Algunos proponen que, durante el proceso de evolución, los animales que tendían a defender a sus familiares del mismo grupo sobrevivían a los más egoístas, y así se desarrollaron en el hombre los genes que le dan el sentido ético, el sentido de que es mejor tratar bien a los demás.[97] Sin embargo, nuestra conciencia del bien y del mal no proviene de un proceso natural de la evolución, sino de Dios mismo, quien nos ha hecho a Su imagen.

> *Porque cuando los gentiles, que no tienen la ley, cumplen por instinto los dictados de la ley, ellos, no teniendo la ley, son una ley para sí mismos. Porque muestran la obra de la ley escrita en sus corazones, su conciencia dando testimonio, y sus pensamientos acusándolos unas veces y otras defendiéndolos.* (Romanos 2:14-15)

Aun en tribus remotas, lejos de cualquier civilización, se manifiesta un sentido de culpa y necesidad de hacer un sacrificio para cubrir los pecados. Algunos envían un perro en una lancha mar adentro para morir por ellos. Otros cortan la cabeza de un ave, o sacrifican incluso a sus propios hijos. Una de las cosas más asombrosas que he visto ha sido un niño indígena congelado desde hace cientos de años. Lo encontraron casi intacto en la cordillera de los Andes en Chile, y ahora está en un museo. Los expertos dicen que su ropa y posición muestran que fue sacrificado a los dioses.

La señora *Lady Macbeth* de Shakespeare había convencido a su marido de asesinar al rey, pero se vuelve loca debido a la conciencia de su culpa. Ella permanentemente imagina que está teñida con la sangre, y se friega las manos para sacarse las manchas. Grita, "¡Fuera, mancha maldita!" No obstante, es inútil, y al final se suicida.

Nejludov, el protagonista de la novela *Resurrección* de Tolstoi, siente remordimiento por su pasado vergonzoso. Había seducido a una empleada en la casa de su tía, y después participó en el jurado que condenó injustamente a la

---

[97] Olivia Judson, "The Selfless Gene," [El gen altruista] *The Atlantic*, Oct., 2007, pp. 90–98.

misma mujer por robo. También se da cuenta de que no está viviendo en consecuencia con sus convicciones en cuanto a la riqueza y la propiedad. Conversa consigo mismo:

"¿Es posible?"... –pronunció estas palabras en voz alta, deteniéndose de golpe-: ¿Es posible que yo sea un hombre vil?
Creyó que una voz le contestaba: -¿Qué eres si no?
...Decididamente era un hombre vil.
...Nejludov había pasado un largo período sin cuidarse de la palmaria contradicción que existía entre la vida que llevaba y las exigencias de la propia conciencia. Ahora que lo advertía, se horrorizaba. Era tal el contraste que dudaba hasta de la posibilidad de una purificación. "No, no, es inútil" – le sugería una voz interna tentadora.
"He tratado ya muchas veces de corregirme – pensaba -, de hacerme mejor, y nunca he tenido voluntad para ello. ¿Para qué probar de nuevo?"[98]

Este sentido de culpa también es clave para la apologética, porque muestra una puerta abierta al corazón del no creyente. Aunque no quiera reconocerlo, dentro de sí, sabe que tiene una necesidad de perdón.

La mente del hombre no es una "tabula rasa", una pizarra en blanco. Nuestros corazones y mentes saben que Dios existe y tenemos un sentido del bien y del mal. No importa cuánto intentemos borrarlas u ocultarlas, estas verdades permanecen grabadas en nuestros corazones y mentes.

---

[98] León Tolstoi, *Resurrección* (Santiago de Chile: Andrés Bello, 1998), pp. 131, 132.

4) No quiere someterse a Dios.

Necesitamos tener presente que la imagen de Dios ha sido dañada por la caída y contaminada por el pecado. Incluso nuestra razón y nuestra conciencia ya no funcionan perfectamente. Aunque sabe que Dios existe, sigue negándolo, rehusándose a honrarlo, hasta que el Espíritu Santo renueva su corazón. Su problema fundamental, más que intelectual, es espiritual. No *quiere* aceptar la verdad.

No hay quien entienda, no hay quien busque a Dios. (Romanos 3.11)

...De manera que ellos no tienen excusa. Pues aunque conocían a Dios, no lo honraron como a Dios ni le dieron gracias...(Romanos 1:20–21)

Para evitar reconocer a Dios como su creador y su Señor, crea paradigmas personales que excluyen a Dios.

...Sino que se hicieron vanos en sus razonamientos y su necio corazón fue entenebrecido. Profesando ser sabios, se volvieron necios. (Romanos 1:21-22)

En una ocasión en que estaba jugando básquetbol con algunos vecinos, un joven empezó a explicar que no creía en Dios. Le pregunté, "¿Qué cosa te convencería de que Dios existe?" Respondió que tendría que ver un milagro. Cuando le pregunté cómo definiría un milagro, dijo, "Algo que no se pueda explicar científicamente." Queriendo asustarlo un poco, levanté mi puño sobre la cabeza de un amigo, y le dije, "¿Te serviría que matara a mi amigo y después lo resucitara?" Mientras él meditaba su respuesta, decidí ayudarle. "Pasarías toda tu vida buscando una explicación científica, ¿verdad?" "Probablemente", admitió. "Entonces no hay nada que te pueda convencer de que ocurren los milagros o de que Dios existe, ¿verdad?" "Supongo que no," confesó. Este joven honesto nos ayuda a entender cómo piensa la gente a veces. Para defender lo que quiere creer, establece sus propias reglas.

LA CONTRADICCIÓN VITAL DEL NO CREYENTE

Hubo un candidato a la presidencia de Chile que se retiró en plena campaña diciendo que tenía una "contradicción vital". Ser presidente simplemente no le calzaba. Había sido ministro de economía, y era un excelente economista, pero se dio cuenta de que no podía ser presidente.

El no creyente también tiene una "contradicción vital"; no puede vivir de acuerdo con sus propias convicciones. Aunque niega a Dios al crear sus propias ideas, en lo profundo de su corazón, sabe que Dios está allí. Aunque rehúsa vivir de acuerdo con las pautas éticas que Dios ha establecido, su conciencia le recuerda constantemente que éstas son válidas. A pesar de que pretende no ser culpable, la carga se vuelve pesada. En su mente puede tratar de decidir por sí mismo lo que es verdad, pero la creación entera le grita que no puede. También podría tratar de negar su propia dignidad y la posibilidad de conocer la verdad, pero siendo la imagen de Dios, cada célula de su cuerpo y de su mente le va a persuadir que no es un accidente o un animal.

El no creyente es como el genio matemático John Nash cuando sufría alucinaciones. La película "Una mente bella" cuenta dramáticamente la historia de este ganador del premio Nobel, quien escuchaba voces de personas que no existían. (En la película, también ve a estas personas, pero en la vida real, solamente escuchaba sus voces). Para dar importancia a su vida, empezó a imaginar que estaba ayudando al gobierno de los Estados Unidos a descifrar códigos de los soviéticos, y así evitar un holocausto nuclear. ¿Cómo podían sus amigos convencerle que estas personas no eran reales? Cada esfuerzo en este sentido era interpretado por él como parte del complot de los soviéticos en su contra. Siempre encontraba una manera de hacer que los eventos de su vida encajaran en su esquema imaginario. Ni siquiera su esposa podía ayudarle. No obstante, ella siguió amándolo y apoyándolo, a pesar de lo difícil que era. Finalmente, hubo un punto de ruptura en su mundo irreal. De pronto se dio cuenta de que una de las personas imaginarias no crecía; era una niña que siempre tenía alrededor de diez años. Este detalle lo llevó a cuestionar la validez de su mundo imaginario. Buscó ayuda profesional y mejoró bastante por medio del tratamiento.

En la apologética esto nos da una pauta. No debemos dejar que el no creyente piense que está bien cuando en realidad no está bien. Tenemos que persistir en amarlo, pero también ayudarle a ver su inconsecuencia. Debemos buscar ese algo que le haga reaccionar y volver en sí. Nuestra tarea es mostrarle la contradicción vital en su esquema equivocado. Seguramente al principio rechazará la evidencia que le presentemos, pero con oración y la obra del Espíritu Santo, podrá despertar a la verdad. Podrá ver que el cristianismo es el único esquema con el cual se puede vivir.

El no creyente es como el hijo pródigo (Lucas 15.11-32) que tomó su herencia y se fue a un lugar lejano. Trató de empezar una nueva vida y pretender que su padre no existía, pero no pudo seguir así para siempre. Normalmente, las primeras preguntas que la gente hace son acerca de la familia y el lugar de origen. ¡Nadie puede pretender que simplemente llegó a existir! ¿Cuánto tiempo puede alguien esconder su historia? ¿Puede usted imaginar una conversación con él mientras alimentaba a los cerdos? Cornelius Van Til nos ayuda a visualizar la situación:

> Cuando el hijo pródigo salió de la casa de su padre, no pudo borrar inmediatamente de su memoria la mirada

y la voz de su padre. ¡Cuánto venía a su mente esa voz cuando estaba en el comedero de los cerdos! ¡Cuánto trataba de vivir como si el dinero que había usado para entretener a sus "amigos" no hubiera sido de su padre! Cuando le preguntaban de dónde era, contestaba que era "de por allá". No quería recordar su pasado. Pero no podía olvidarlo.[99]

Este es el dilema del no creyente. Sabe de dónde viene, pero trata de negarlo. Aun así, llega el momento cuando tiene que admitir la verdad. Tiene que "volver en sí", como le sucedió al hijo pródigo. Y cuando lo hace, ¡Dios el Padre viene corriendo para recibirlo con los brazos abiertos! ¡Y celebra con un gran banquete!

Nuestra actitud hacia los no cristianos también debe reflejar la misma gracia que el padre del hijo pródigo. A veces nuestras diferencias con ellos pueden producir la sensación de que sean nuestros enemigos, y ellos pueden sentirlo fácilmente. Recuerde que cuando Jesús vio las multitudes, tuvo compasión de ellas, porque estaban "angustiadas y abatidas como ovejas que no tienen pastor " (Mateo 9:36).

Hagamos un resumen de nuevo de los puntos principales del enfoque apologético del libro:

PRINCIPIOS PARA LA APOLOGÉTICA

1) Dios ha hecho al hombre a Su imagen, le ha revelado Su existencia, y le ha revelado Su ley moral.
(Génesis 1, Romanos 1-2)

2) Pero el no creyente ha rechazado a Dios y Su revelación, y

---

[99] Cornelius Van Til, *The Defense of the Faith* [La defensa de la fe] (Phillipsburg, New Jersey: Presbyterian and Reformed Publishing Co., 1979), p. 231.

> pretende ser independiente de Dios.
> (Génesis 3, Romanos 1-3)
>
> 3) Este rechazo de Dios y Su Palabra inevitablemente resulta en que el no creyente no pueda estar seguro de lo que cree y no pueda vivir en armonía con el mundo que le rodea.
>
> 4) La única manera de estar seguro de la verdad y vivir en armonía con el mundo es volver a Dios, creer en Cristo, y someterse a la revelación de Dios como su fuente de verdad y moralidad.

DINÁMICA DE GRUPO

Observe algún objeto en la sala, como una silla, y pregunte quién cree que realmente existe el objeto. Si alguien dice que sí, pregunte por qué cree que existe. Cuando haya expresado sus razones, pregunte por qué confía en el criterio que usó para defender su creencia. Por ejemplo, si dice que lo puede ver con sus ojos y tocarlo con sus manos, pregunte por qué confía en sus sentidos. Siga preguntando por qué cree lo que cree, hasta llegar al punto final, cuando no puede decir nada más, es decir, cuando demuestra su fundamento más básico. ¿Cuál es su postulado básico? ¿Qué revela este ejercicio acerca de la epistemología de la persona? ¿Cómo incluyó a Dios y Su Palabra en su razonamiento?

PREGUNTAS DE REPASO

1. Si en el contexto de la apologética tuviéramos que usar una sola palabra para describir al no creyente, ¿cuál sería?
2. Si pudiéramos usar una sola frase para describir la *raíz del problema* del hombre en relación con su búsqueda de la verdad, ¿cuál sería?

3. Si el no creyente piensa que la verdad es objetiva, que está fuera de él, ¿cuáles son los problemas que enfrentará?

4. Si el no creyente cree que puede determinar la verdad en su propia mente, ¿cuáles son los problemas que enfrentará?

5. Si el no creyente niega la posibilidad de conocer la verdad, ¿cuál es el problema que enfrentará?

6. ¿Cuál es el problema en decir, "tú tienes tu verdad, y yo tengo la mía"?

7. ¿Cuál es el dilema inevitable del monismo impersonal?

8. ¿Qué duda expresó Darwin en cuanto a las convicciones de la mente humana?

9. Mencione las características del hombre nombradas en este capítulo, y escriba la referencia de un pasaje bíblico que apoya a cada una.

10. ¿En qué sentido el no creyente es como John Nash?

11. ¿En qué sentido el no creyente es como el hijo pródigo?

12. Haga un resumen de los puntos principales del libro.

PREGUNTAS PARA REFLEXIÓN

1. ¿Cuál era su tendencia antes de entregarse a Cristo? ¿Creía que la verdad estaba fuera de sí, que estaba dentro de su mente, que era imposible saber la verdad, o que todo era verdad? ¿Qué problemas le causó esta perspectiva?

2. ¿Ha cambiado su perspectiva acerca del no creyente como resultado de leer estos cuatro capítulos? ¿En qué sentido?

PARTE II: LA SEGURIDAD EN LA FE CRISTIANA

Ahora bien, la fe es la certeza de lo que se espera, la convicción de lo que no se ve.
Hebreos 11:1 (NBLA)

El temor del Señor es el principio de la sabiduría;
Proverbios 1:7 (NBLA)

5. PRIMERA SELECCIÓN DE APOLOGISTAS

En la multitud de consejeros hay seguridad.
Proverbios 11.14 (RVR60)

A lo largo de la historia, muchos sabios "consejeros" han estado ayudándonos a estar más seguros de nuestra fe cristiana. ¿Qué podemos aprender de ellos? En este y el siguiente capítulo haré un repaso de algunos de los que yo considero los más destacados argumentos apologéticos desde el siglo II. No es que esté de acuerdo con todos los argumentos, pero pienso que son dignos de estudiarse. No pretendo confeccionar una enciclopedia completa de apologistas, ni tampoco presentar un resumen completo de los escritos de los teólogos que mencionaré. Solamente quisiera explicar algunos de los argumentos y conceptos que en lo personal me han resultado útiles e importantes. Los apologistas serán presentados en un orden aproximadamente cronológico.

En el segundo siglo después de Cristo, ya había apologistas, entre ellos Justino Mártir (100-165 d.C.), quien defendió a los cristianos contra la acusación de ser ateos (por no adorar a los múltiples dioses de los romanos). Él apuntó a las profecías cumplidas como prueba de la validez del cristianismo, y explicó cuidadosamente las costumbres, creencias, y principios éticos de los cristianos.[100] Ireneo (130-202) escribió en contra de la herejía del gnosticismo.[101]

---

[100] Edwin M. Yamauchi, "Justin Martyr; Defender of the Faith," *Great Leaders of the Christian Church*, ed. John Woodbridge (Chicago: Moody Press, 1988), pp. 40–42. Vea también *First Apology*, <http://www.earlychristianwritings.com/justin.html>, <http://justus.anglican.org/resources/bio/175.html> (22 de julio, 2005).

[101] Everett Ferguson, "Irenaeus; Adversary of the Gnostics," *Great Leaders*, pp. 44–47. Against Heresies,

Tertuliano (155-230) defendió también al cristianismo contra acusaciones falsas y herejías de su tiempo (especialmente Marción).[102] Estos apologistas eran bien educados, habían estudiado extensamente la filosofía griega, y sin duda, en su época fueron instrumentos útiles del Señor. Sin embargo, comenzaremos nuestro repaso con los gigantes de la Edad Media, a saber, Agustín, Anselmo, y Tomás de Aquino, quienes nos han bendecido con un legado de argumentos apologéticos que continúan hasta hoy siendo de beneficio para muchas personas.

AGUSTÍN (354-386)

San Agustín de Hipona desarrolló una respuesta para el problema del mal. El contexto de su quehacer apologético fue un debate con los maniqueos respecto de la filosofía dualista. Para resolver la supuesta contradicción existente en un Dios bueno que haya creado el mal, Mani sostenía que el bien y el mal existen paralelamente desde la eternidad. Agustín no estaba de acuerdo con los maniqueos, y ofreció una respuesta alternativa. Afirmó que el mal no es una sustancia creada, sino un "defecto" del bien, un "accidente" (en el sentido de una situación temporal negativa), una "privación del bien". Por ejemplo, la enfermedad es una privación de la salud, pero no es algo creado, y tampoco es permanente. Cuando la persona se recupera, la enfermedad no continúa en otra forma, sino deja de existir.

<http://www.earlychristianwritings.com/irenaeus.html> (22 de julio, 2005). [Contra herejías]

[102] Gerald L. Bray, "Tertullian and Western Theology," *Great Leaders*, 50–54. *Apologeticus*,
<http://www.earlychristianwritings.com/tertullian.html> (22 de julio, 2005).

Ningún mal existe en sí mismo, sino solamente como un aspecto malo de alguna entidad real.[103]

Además, Dios ha permitido el mal para un propósito finalmente bueno.

Porque el Dios omnipotente... no permitiría nada malo en sus obras, si no pudiera, en su omnipotencia y bondad como Bien Supremo, convertir el mal en algo bueno.[104]

Estos argumentos todavía son útiles en nuestros esfuerzos por tratar el problema del mal. No se puede culpar a Dios por el mal (Santiago 1:13) y, en última instancia, Él hace que el mal cumpla un buen propósito dentro de Su plan perfecto. También es importante explicar que el mal no es parte de la creación física, que Dios hizo todas las cosas buenas (Génesis 1:31).

ANSELMO (1033-1109)

Anselmo es conocido por su argumento que Dios tuvo que hacerse hombre para salvarnos (*Cur Deus Homo*), y también por su "argumento ontológico" para la existencia de Dios. Básicamente el plantea lo siguiente:

1. El término "Dios" se define como el mejor ser que se puede concebir.

---

[103] *Enchridion xi*, capítulo IV,
<http://www.ourladyswarriors.org/saints/augenc.htm#chap4> (22 de julio, 2005). Traducido por el autor. Vea también, Augustine, *Enchiridion*, capítulo 4 en *Confessions and Enchridion* (Philadelphia: Westminster Press, 1955), p. 344.
[104] Enchridion xi, capítulo III,
<http://www.ourladyswarriors.org/saints/augenc.htm#chap4>
Augustine, *Enchiridion*, capítulo 3, *Confessions and Enchiridion*, 342.

2. La existencia verdadera (existencia real) es superior a la existencia concebida solamente como teoría.

3. Por lo tanto, Dios debe existir en realidad, y no solamente en teoría.[105]

Algunos consideran que este argumento es válido, pero otros piensan que es una ilusión lingüística. Los que no lo aceptan dicen que el hecho de imaginar algo o definir algo no significa que exista.

TOMÁS DE AQUINO (1225-1274)

Aquino aplicó la lógica a la teología. Supuso que, a través de la observación de la naturaleza y el uso de la razón, el hombre podía llegar a la conclusión de que Dios existe. Propuso cinco argumentos para la existencia de Dios.

1. Movimiento. Todo se mueve y todo lo que se ha movido ha sido movido por algo o alguien. Si buscamos lo que primero movió algo, descubriremos que el *primer motor* es Dios.

2. Causa. De una manera similar, todo tiene una causa. Si seguimos el proceso de buscar la causa de todo, llegaremos finalmente a Dios, la primera causa.

3. La imposibilidad de que nada exista. Aunque es posible que muchas cosas no existan, no es posible que nada exista. Si en un tiempo pasado nada existió, nada podría existir después, ya que nada surge de la nada. Si algo existe ahora, entonces algo siempre existió. Si retrocedemos lo suficiente, llegamos al punto en el que debemos asumir que

---

[105] Anselm, *Proslogium*, capítulos 2 y 3, *Proslogium; Monologium: An Appendix in Behalf of the Fool* por Gaunilon; y *Cur Deus Homo*, trans. Sidney Norton Deane (Chicago: The Open Court Publishing Co., 1903), pp. 7–9.*Proslogium*, <http://www.iep.utm.edu/a/anselm.htm>

una primera cosa tuvo que existir sin una causa externa, y eso debe ser Dios.

4. Norma ideal. Todo se compara y ubica en categorías de bueno, mejor, y lo mejor. Debe existir algo que es absolutamente mejor que todo lo demás, y con lo cual todo lo demás se compara, y esto es Dios.

5. Diseño. Todas las cosas tienen un propósito, lo cual da cuenta de un diseñador, el cual es Dios.[106]

Los tres primeros argumentos son versiones de lo que se ha llamado el argumento "cosmológico", puesto que están basados en la naturaleza del cosmos. El quinto argumento se llama el argumento "teleológico" (¡no teológico!). La palabra viene del término griego "telos", que significa "fin" o "propósito".

Estos argumentos pueden ayudarnos. Muestran la lógica de creer en algún ser superior, el cual dio origen a todo. El argumento teleológico es especialmente bueno, porque apunta al diseño inteligente. Según Romanos 1.18-20, Dios se ha revelado a sí mismo en la creación, y el hombre percibe algo acerca de Sus "cosas invisibles", Su "eterno poder y Su deidad". El Salmo 19.1 dice, "Los cielos cuentan la gloria de Dios, y el firmamento anuncia la obra de sus manos." Cuando estuve dudando de la existencia de Dios, fueron las estrellas las que me mostraron Su presencia. Los argumentos de Aquino son válidos porque apuntan a la evidencia de Dios en la creación. De hecho, Dios ha revelado el sentido de Su existencia en el hombre de tal manera que realmente no tenemos que esforzarnos mucho para convencer a la mayoría de la gente de ello. Es posible que algunas personas hayan suprimido el conocimiento de Dios más que otras, pero la mayoría admite que cree en algún tipo de ser superior.

---

[106] *Summa Theologiae*, Pregunta 2, Artículo 3.

No obstante, debemos tener cuidado en cuanto a la forma en que utilizamos estos argumentos. Tenemos que admitir que no ofrecen detalles acerca del "ser superior". Si usamos los argumentos solos, sin hacer referencia al concepto bíblico del único Dios personal, del Dios que es un solo Dios en tres personas, que envió a Su Hijo para salvarnos, no hemos logrado mucho. De hecho, es posible que inmunicemos a una persona en contra del evangelio al darle razones para crear su propio concepto de un ser superior, y evitar así al Dios verdadero. Podríamos convertir a nuestro amigo en un budista, musulmán, hindú, o creyente en cualquier otra religión. Recordemos que Pablo, al hablar con los atenienses respecto del altar al "dios no conocido", no los felicitó ingenuamente, "¡Me alegro de que crean en Dios! ¡Yo también creo en el mismo Dios!" Por el contrario, les dijo, "Al que vosotros adoráis, pues, *sin conocerlo*, es a quien yo os anuncio." (Hechos 17.23)

JUAN CALVINO (1509–64)

Mi esposa Angélica estudió francés en la universidad, y como Juan Calvino era una figura clave en la historia de Francia, sus enseñanzas formaron parte de sus estudios. Aunque su profesor criticaba a Calvino, Angélica lo encontró bastante convincente. Incluso, esto fue el comienzo de su conversión a Cristo. Esto lo menciono, porque Calvino normalmente no es considerado un apologista. No obstante, su *Institución* realmente debe entenderse como una defensa de la fe. La presentó al rey Francisco I como una explicación y defensa del evangelio.[107] Para Calvino, la apologética no estaba separada de la evangelización. Incluso, su método de apologética consistía en dar una presentación convincente del evangelio.

---

[107] Vea las introducciones. Juan Calvino, *Institución de la religión cristiana.*

Calvino no confiaba principalmente en argumentos lógicos o en evidencias para convencer al no creyente de las verdades del evangelio. Comparado con Aquino por ejemplo, Calvino redujo considerablemente el papel de la razón humana. Sin embargo, no rechazó la razón. Incluso, era muy bueno para presentar evidencias y argumentos bien razonados para confirmar el evangelio. Era precisamente esto lo que causó que Angélica apreciara sus enseñanzas. Su combinación de lógica y pasión fue muy persuasiva.

Calvino destacó el hecho de que Dios se ha revelado a todo hombre. "...Afirmamos que los hombres tienen un cierto sentimiento de la divinidad en sí mismos; y esto, por un instinto natural."[108] El hombre mismo, siendo la imagen de Dios (un "claro espejo de la obra de Dios"[109]) es la revelación más alta de Dios en toda la creación.

> ...Cada uno siente dentro de sí sin duda alguna la gracia celestial con que son sustentados y existen. Si, pues, para alcanzar a Dios no es menester salir de nosotros, ¿qué perdón merecerá la pereza del que para conocer a Dios desdeña entrar en sí mismo, donde Dios habita?[110]

Así la revelación general es suficiente para dejar al hombre sin excusa, según Calvino. "Vemos, pues, que no es menester discutir mucho ni traer muchos argumentos para mostrar qué testimonios y muestras ha dado Dios en cuanto ha creado para dar noticia de su divina majestad."[111] Sin embargo, la evidencia de Dios en la creación no conduce al hombre a la salvación. Se necesitan las Escrituras, usadas por el Espíritu Santo, para comunicar el evangelio, iluminar la

---

[108] Juan Calvino, *Institución*, 1.3.1.
[109] *Institución*, 1.5.3.
[110] *Institución*, 1.5.3.
[111] *Institución*, 1.5.10

mente del hombre, cambiar su corazón, y producir fe en Cristo.

La defensa que presenta Calvino para las Escrituras revela su método apologético. Dice, "Con todo, van fuera de camino y pervierten el orden los que pretenden y se esfuerzan en mantener la autoridad y crédito de la Escritura con argumentos y disputas."[112] Afirmaba que solamente el testimonio del Espíritu Santo convencerá a alguien de la autoridad de la Biblia.

> Como los profanos piensan que la religión consiste solamente en una opinión, por no creer ninguna cosa temeraria y ligeramente quieren y exigen que se les pruebe con razones que Moisés y los profetas han hablado inspirados por el Espíritu Santo. A lo cual respondo que el testimonio que da el Espíritu Santo es mucho más excelente que cualquier otra razón. Porque, aunque Dios solo es testigo suficiente de sí mismo en su Palabra, con todo a esta Palabra nunca se le dará crédito en el corazón de los hombres mientras no sea sellada con el testimonio interior del Espíritu.[113]

Calvino insiste que la Escritura "...no está sujeta a pruebas ni argumentos."[114] Su esencia divina es obvia por sí sola.

> Iluminados, pues, por la virtud del Espíritu Santo, ya no creemos por nuestro juicio ni por el de otros que la Escritura procede de Dios, sino que por encima de todo entendimiento humano con toda certeza concluimos (como si en ella a simple vista viésemos la

---

[112] *Institución*, 1.7.5.
[113] *Institución*, 1.7.5.
[114] *Institución*, 1.7.6.

misma esencia divina) que nos ha sido dada por la boca misma de Dios por ministerio de los hombres.[115]

En otras palabras, alguien que entra en la presencia misma de Dios no busca pruebas para Su existencia, o pruebas de Su deidad. Su misma gloria es "prueba" suficiente. Lo mismo sucede con la Biblia; al leerla, reconocemos la autoridad majestuosa de Dios.

Pero después de decir esto, Calvino procede a presentar "pruebas" de la credibilidad de las Escrituras. Creía que no sería difícil mostrar a los que cuestionan la Escritura "...que todas sus fanfarronerías...no son más que humo y vanidad."[116] Sus "pruebas" incluyen lo siguiente: (1) La Escritura está "llena de dichos y sentencias que el entendimiento humano no hubiera podido imaginar". (2) La Escritura es muy antigua, previa a otros escritos religiosos. (3) Los milagros son testimonio de la autoridad de los mensajeros de Dios. (4) Las profecías bíblicas se cumplieron, por ejemplo, la caída de Jerusalén, y el nombre de Ciro, mencionado en Isaías. (5) La Escritura ha sido preservada durante muchos años. (6) En el Nuevo Testamento, hombres simples escribieron cosas profundas, mostrando que fueron enseñados por el Espíritu Santo. (7) La Iglesia y los mártires han dado testimonio de la autoridad de las Escrituras.[117] Concluimos de esto que, para Calvino, la convicción de la autoridad de las Escrituras está "por encima" de la razón humana, pero no *en contra* de ella.

---

[115] *Institución*, 1.7.6.
[116] *Institución*, 1.7.5.
[117] Institución, 1.8.1-12.

G. K. CHESTERTON (1874-1936)

En la primera mitad de *The Everlasting Man* [El hombre eterno][118], este periodista y apologista católico nos invita a suponer por un momento que el hombre es un mero animal. Luego, demuestra que al tratar de hacer esto, las enormes diferencias entre el hombre y el animal se nos presentan obvias. En la segunda mitad del libro, desarrolla un razonamiento parecido en cuanto a Jesús. Si suponemos que se trata de un mero hombre, pronto nos sorprenderemos por las grandes diferencias entre él y un ser humano cualquiera.

Otros líderes religiosos como Mahoma, Confucio, o el Buda, ni siquiera se acercan a él en grandeza, y ninguno de ellos dijo que era Dios. Más aun, si alguien dice que es Dios, lo consideramos mentalmente enfermo. Pero, obviamente Jesús no estaba loco.

> Ningún crítico moderno en su sano juicio piensa que el predicador del sermón del monte era un horrible imbécil que dibujaba estrellas en los muros de una celda. Ningún ateo o blasfemo cree que el autor de la parábola del hijo pródigo fuera un monstruo con una sola idea absurda, como un cíclope con un solo ojo. ... Sin embargo, de acuerdo con toda analogía, o tenemos que considerarlo como tal, o tenemos que ubicarlo en el lugar más alto de todos.[119]

C.S. LEWIS (1898-1963)

C.S. Lewis es uno de los autores cristianos más leídos del siglo pasado. Tanto cristianos como no cristianos de todo el

---

[118] New York, Doubleday and Company, 1955. Vea una versión electrónica de este libro en inglés en el siguiente sitio: <http://www.worldinvisible.com/library/chesterton/everlasting/content.htm>

[119] *The Everlasting Man*, p. 202.

mundo han disfrutado de *Las Crónicas de Narnia* y de su ciencia-ficción. La película reciente, "Narnia", basada en el primer libro en esta serie, fue muy exitosa. También sus libros apologéticos han sido muy populares, porque son originales, profundos, y agradables. Mencionaremos tres de sus libros, los cuales nos proporcionarán poderosas armas para la defensa de la fe.

El problema del dolor [120]

Lewis comienza este libro con la confesión de que el argumento para la existencia de Dios basado en la naturaleza (cosmológico o teleológico), solamente le llevaría a creer en un Dios débil o malvado. Según él las conclusiones lógicas serían que, "...o bien, no hay espíritu alguno fuera del universo, o bien es indiferente al bien y al mal, o es un espíritu perverso."[121] Pero Lewis invierte el problema, y pregunta por qué, no obstante este dilema, tanta gente cree en Dios. Sugiere que la única respuesta es que la conciencia de la existencia de Dios debe provenir de Dios mismo.

Luego arguye que el mal podría evitarse con sólo alterar el ambiente y negarle al hombre su libre albedrío. Aunque en un sentido Dios puede hacer cualquier cosa, en otro sentido no puede hacer algo intrínsecamente imposible. No puede hacer un triángulo de cuatro lados, por ejemplo. No puede hacer al hombre con libre albedrío al mismo tiempo que hacerlo sin libre albedrío. Dios pudo haber programado al hombre de un modo que le fuera imposible tener pensamientos pecaminosos, o de un modo en que su cerebro simplemente se rehusara funcionar cuando intentara pensar en algo malo. Quizás pudo haber evitado el sufrimiento con

---

[120] Escrito en inglés en 1940 (*The Problem of Pain*), su primer libro apologético. Edición en español: *El problema del dolor*, 2006, Rayo /HarperCollins.
[121] C. S. Lewis, *El problema del dolor* (New York: Rayo/HarperCollins, 2006), p. 23.

una constante manipulación de las circunstancias. Pero estas opciones habrían quitado al hombre su libertad para tomar decisiones y actuar de acuerdo con ellas.[122]

> Tal vez fuera posible imaginar un mundo en el que Dios corrigiera los continuos abusos cometidos por el libre albedrío de Sus criaturas, de suerte que la viga de madera se tornara suave hierba al emplearla como arma, o que el aire se negara a obedecer cuando intentáramos emitir ondas sonoras portadoras de mentiras o insultos. En un mundo así sería imposible cometer acciones erróneas, pero eso supondría anular la libertad de voluntad.[123]

Lewis concluye:

> Si tratáramos de excluir el sufrimiento, o la posible existencia del sufrimiento que acarrea el orden natural y la existencia de voluntades libres, descubriríamos que para lograrlo sería preciso suprimir la vida misma.

> Tal vez no sea éste "el mejor de los mundos posibles", sino el único posible.[124]

Al dolor Lewis lo llama el "megáfono" de Dios para "despertar a un mundo sordo", un instrumento terrible que nos recuerda que algo aquí anda mal.[125] El dolor "remueve el velo" y "planta la bandera de la verdad dentro de la fortaleza del hombre rebelde".[126] El dolor impide que nos quedemos

---

[122] C.S. Lewis, *El problema del dolor,* p. 41.
[123] C. S. Lewis, *El problema del dolor,* p. 41.
[124] C. S. Lewis, *El problema del dolor,* p. 42.
[125] C. S. Lewis, *El problema del dolor,* p. 97.
[126] C. S. Lewis, *The Problem of Pain* (New York: MacMillan, 1966), p. 95, traducido del inglés por el autor (ausente en versión en español).

demasiado arraigados en este mundo y nos obliga a mirar hacia la eternidad.

> Nuestro Padre nos reconforta en el viaje procurándonos albergue en posadas acogedoras, pero no nos alienta a confundirlas con el hogar.[127]

Con respecto al infierno, Lewis insiste en que "las puertas del infierno están cerradas por dentro."[128] Es decir, la gente tendrá que culparse a sí misma por su propia decisión de rechazar a Dios.

Los milagros[129]

Lewis demuestra que el naturalismo se contradice. El naturalismo es una filosofía que sostiene que la única realidad existente es la naturaleza, negando la dimensión espiritual o sobrenatural. Lewis insiste en que, si vamos a creer solamente en lo natural, debemos ser consecuentes y admitir que nuestros pensamientos son también parte del proceso impersonal de la naturaleza. Sin embargo, si mis pensamientos son el resultado de un movimiento impersonal de átomos (una causa irracional), ¿cómo puedo creer que mis pensamientos son válidos? Esto me llevaría a dudar de la premisa misma que estoy manteniendo. Lewis sostiene,

> Si todo lo que existe es sólo la Naturaleza, el gran suceso intertrabado carente de inteligencia, si nuestras más profundas convicciones son solamente el subproducto de un proceso irracional, entonces es claro que no existe ni el más tenue fundamento para suponer que nuestro sentimiento de justicia, y nuestra

---

[127] C. S. Lewis, *El problema del dolor*, p. 117.
[128] C. S. Lewis, *El problema del dolor*, p. 129.
[129] Publicado originalmente en el año 1947. (edición 2001 publicado por HarperCollins). En español: *Los milagros*, Ediciones Encuentro.

consecuente confianza en la uniformidad, nos pueda decir nada sobre la realidad externa a nosotros mismos. Nuestras convicciones serán en este caso simplemente un hecho "acerca de nosotros", como el color de nuestro pelo. Si el Naturalismo es verdad, entonces no tenemos razón alguna para fiarnos de nuestra convicción de que la Naturaleza es uniforme.[130]

También arguye,

Una teoría que explicara todas las cosas en el universo pero que hiciera inviable creer que nuestro pensamiento es válido, quedaría drásticamente descalificada. Porque se habría llegado a esta teoría precisamente por el pensamiento, y si nuestro pensamiento no es válido, la teoría se desmoronaría por sí mismo. Habría destruido sus propias credenciales. Sería un argumento que probara que ningún argumento es válido – una prueba de que no pueden darse pruebas – lo cual es un sinsentido.[131]

En otras palabras, como mencionamos anteriormente, la teoría de un universo cerrado se destruye a sí misma. Es como decir, "No puedo confiar en mis propios pensamientos." Equivale a aserrar la rama en la que estoy sentado.

Lewis hace notar que el naturalismo tiene un problema parecido con los juicios morales. Si los postulados naturalistas son verdad, no hay ninguna razón para creer que exista un sistema moral mejor que otro. Más aun, "Si el Naturalismo es

---

130 C. S. Lewis, *Los milagros*, pp. 166-167.
131 C. S. Lewis, *Los milagros*, pp. 27-28.

verdadero, un 'yo debo' es el mismo género de afirmación que cuando digo 'me apetece' o 'me voy a poner malo'".[132]

Este argumento es poderoso. Existen muchas personas que sostienen alguna forma de teoría naturalista o monista, o de "universo cerrado". Mostrarles que su posición no se puede defender podría ayudarles a reconsiderar sus convicciones.

Cautivado por la alegría [133]

Este libro es el testimonio personal de C. S. Lewis, en que explica cómo llegó a creer en Dios. Él relata que le llamó la atención un inexplicable sentido de alegría que repetidamente le sobrevenía, especialmente cuando recordaba algunos momentos agradables de su juventud. ¿De dónde viene este gozo? No puede ser simplemente el resultado de un proceso impersonal del universo. Concluyó que Dios debe existir, y que el gozo viene de él. Aquí encontramos la cara inversa del problema del mal. Tal como los no creyentes nos preguntan cómo puede existir el mal en un universo creado por un Dios bueno, nosotros podemos preguntarles a ellos cómo puede existir el gozo en un universo impersonal.

Mero cristianismo[134]

En este libro popular, Lewis arguye que el sentido moral del hombre señala a Dios. Hay un sentido innato de que "el hombre no debe ser egoísta", por ejemplo, pero este principio no es algo que el hombre haya simplemente inventado. El materialismo no puede dar una explicación

---

[132] C. S. Lewis, *Los milagros*, p. 61.
[133] Publicado en inglés, *Surprised by Joy*, 1955 por Harcourt Brace and Company, Orlando, FL. En español: *Cautivado por la alegría*, New York: Rayo/HarperCollins, 2006.
[134] C. S. Lewis, *Mero cristianismo* (New York: Rayo/Harper Collins, 2006).

satisfactoria de esto, pero el cristianismo sí puede. Lewis procede a explicar lo que creemos los cristianos, y después discute temas de moralidad.

Lewis responde a la pregunta de por qué Dios permitiría el mal. Dice que a veces personas en autoridad deciden permitir cosas que en un sentido están contra su voluntad, pero que en otro sentido están de acuerdo con su voluntad. Por ejemplo, una madre podría desear que su hija mantenga su habitación ordenada, pero a la misma vez, también desear que su hija tenga la libertad para mantener o no mantener su habitación ordenada.

Fíjese que la apologética de Lewis apela a la imagen de Dios en el hombre, especialmente a nuestro sentido de libertad, nuestro sentido de gozo, y nuestro sentido del bien y del mal. Aunque el no creyente puede atribuir estas características a fuentes que no sean Dios, la Biblia enseña que son parte de la imagen de Dios en nosotros.[135]

CORNELIUS VAN TIL (1895-1987)

Van Til nos recuerda del cuento del emperador que no tenía ropa. Los sastres reales lo habían engañado haciéndole creer que tenía un nuevo traje hermoso que sólo los inteligentes podían ver. Por supuesto, el emperador no quiso admitir que él no lo veía. Mientras desfilaba por las calles de la ciudad, nadie se atrevía a decirle que estaba totalmente desnudo, hasta que un niño inocente exclamó, "¡El emperador no tiene ropa!" Van Til ha sido comparado con el niño del cuento, atreviéndose a denunciar al pensamiento necio del no cristiano por pretender ser independiente de Dios.[136]

---

[135] Génesis 1.26–28; 2.15–25; 3:6; Romanos 2.14–15.
[136] Rousas J. Rushdoony, *By What Standard?* (Philadelphia: Presbyterian and Reformed, 1965), p. 19.

Recuerdo cuando Dr. Van Til se paseaba enfrente de la sala imitando a Adán y Eva antes de la Caída. "Me pregunto..., me pregunto..., me pregunto, ¿quién tendrá razón? ¿Dios o la serpiente?" Pero, "¿con qué derecho cuestionaban a su creador?", insistía. ¿Cómo pudieron sentarse en el sitial de jueces de la verdad, aun sobre Dios mismo? La situación tras la Caída es aún peor, ya que la razón, la voluntad, y cada aspecto del hombre han sido dañados. Independientemente de Dios el hombre no tiene cómo encontrar la verdad, pero esto es exactamente lo que trata de hacer.

Van Til insiste en que los "hechos brutos", es decir, hechos sin interpretación, no existen. La verdad no es neutral. Conocer la verdad es ser fiel a Dios, y creer en una mentira es ser infiel. Dios tiene el conocimiento original absoluto, pero el hombre tiene solamente conocimiento que recibe de Dios. Por lo tanto, debemos aprender a "pensar los pensamientos de Dios después de él".

En un sentido, no existe "terreno común" con el no creyente. No debemos trasladarnos a su sistema de creencias para tratar de convencerle de la verdad. No va a resultar. Una vez que hayamos aceptado sus postulados básicos, no podremos volver a la verdad. Es como tratar de sacar una cuenta matemática con los números correctos, pero con la fórmula equivocada. No importa qué datos usemos; si la fórmula está mala, la respuesta estará mala. De la misma manera, si aceptamos las convicciones primarias del no creyente, las conclusiones estarán malas. Por ejemplo, si aceptamos la convicción del no creyente de que la herramienta válida para juzgar la verdad es la lógica, no podremos convencerle acerca de algunas doctrinas cristianas básicas, porque algunas doctrinas, como la de la Trinidad, son verdades misteriosas que escapan a la lógica humana. Si estamos de acuerdo en que la lógica es nuestra prueba, entonces esencialmente hemos permitido que el hombre se convierta en juez de lo que es lógico y, por tanto, de lo que es verdadero. Si el hombre es el juez, entonces Dios ya no es nuestra autoridad y fuente de verdad. Esto no significa que no haya posibilidad de diálogo con el no creyente, o que no podamos escuchar al no creyente para entenderlo mejor. Pero no podemos dar por cierto sus principios fundamentales, sus presuposiciones, en que no reconoce a Dios como supremo.

Van Til está de acuerdo con temporalmente asumir la posición del no creyente para el propósito de discutir con él. Dice, "Pueden, para argumentar, ponerse en el lugar del no creyente y aceptar sus presuposiciones, para mostrarle que no puede refutar inteligentemente el enfoque cristiano."[137]

Richard Pratt ha desarrollado esta estrategia de una manera genial en *Todo pensamiento cautivo*.[138] Con el propósito de poner la apologética de Van Til al alcance de personas laicas, basa su método en Proverbios 26.4–5, ""Nunca respondas al necio de acuerdo con su necedad, Para que no seas tú también como él. Responde al necio como merece su necedad, Para que no se estime sabio en su propia opinión." Pratt explica que estos versículos que parecen contradecirse simplemente significan que debemos evitar realmente adoptar las convicciones del no creyente, pero que en algunas ocasiones puede ser un buen método apologético temporalmente pretender adoptar sus presuposiciones para mostrarle que lleva a contradicciones. En otras palabras, podemos decir, "Supongamos que su posición es correcta por un momento. ¿Hasta dónde nos llevaría?"

Tampoco Van Til quiere decir que no exista un "punto de contacto" con el no creyente, o un punto de diálogo. El punto de contacto es la revelación que Dios nos ha dado a ambos. Profundamente grabado en su ser persiste una

---

[137] Cornelius Van Til, *The Defense of the Faith* [La defensa de la fe] (Phillipsburg, NJ: Presbyterian and Reformed Publishing Co., 1979), p. 180.

[138] Richard Pratt, *Todo pensamiento cautivo* (Editorial CLIR, 2017).

conciencia de la existencia de Dios y su ley moral, y una percepción de la culpa (Romanos 1 y 2). Además, toda persona es la imagen de Dios, y refleja a Dios en ciertos aspectos de su naturaleza. Van Til dice que la creación entera tiene las "huellas digitales" de Dios.

Según Van Til, todo razonamiento es *circular* en un sentido. Es decir, existe un cierto punto de partida, el cual es imposible de defender sin hacer referencia a la misma presuposición. Esto es normal e inevitable en cualquier sistema de pensamiento. El cristiano debe volver siempre a Dios y Su Palabra como su punto de partida. ¿Por qué creo tal y tal cosa? Nuestra respuesta última es, "porque *Dios* lo dice". El enfoque cristiano acerca de la verdad es que la mente de Dios es la fuente de toda verdad, no nuestra propia mente.

En cambio, el no creyente siempre vuelve a *sí mismo*. ¿Por qué cree él tal y tal cosa? Su respuesta última es, "¡porque *yo* lo digo! Al final, él cree lo que quiere creer.

> En el último análisis, tendremos que elegir entre dos teorías del conocimiento. Según una teoría, Dios es el juez en la más alta corte de apelaciones. Según la otra teoría, el hombre es el juez en la más alta corte de apelaciones.[139]

El enfoque de Van Til no constituye un salto de fe irracional. La Palabra de Dios está también en armonía con la revelación general que percibimos e interpretamos, ya que somos la imagen de Dios. Más aun, el mundo tiene explicación *solamente* cuando presuponemos la verdad del teísmo cristiano. Cualquier otra presuposición nos conduce a la contradicción y la confusión.

---

[139] Cornelius Van Til, *Defense of the Faith* [Defensa de la fe] (Phillipsburg, NJ: Presbyterian and Reformed, 1979), p. 34.

Según Van Til, para defender la Biblia no debemos someter la Palabra de Dios al juicio de ninguna otra autoridad, como si existiera algo superior a la Palabra misma. Si juzgamos las Escrituras según la lógica, por ejemplo, estamos poniendo la lógica sobre Dios. Si juzgamos la Palabra según principios científicos, según nuestra interpretación de la historia, según nuestro propio concepto de bien y mal, según nuestras emociones, o según cualquier otra cosa, estamos haciendo que nuestra propia mente sea juez sobre Dios, ¡y volvemos al error del huerto de Edén!

> No usamos velas o bombillas eléctricas para averiguar si existe la luz y energía del sol. Es al revés. Tenemos la luz en las velas y la energía eléctrica en las bombillas gracias a la luz y energía del sol. Del mismo modo, no podemos someter las afirmaciones autoritativas de las Escrituras al criterio de la razón humana, porque es de las Escrituras que la razón aprende cuál es su función correcta.[140]

Van Til me desafió a entregar mi mente al Señor, y cuando lo hice, fue como una segunda conversión. Lutero dijo que si Dios le decía que comiera manzanas silvestres con excremento de caballo, lo haría, puesto que era una orden divina.[141] Como mencioné antes, yo diría que, si Dios me dice que la luna está hecha de queso verde, ¡entonces cambiaría mi modo de pensar en cuanto a la luna, al queso, y al color verde! Por supuesto, Dios nunca hará una declaración que contradice tan claramente nuestro uso normal del lenguaje, la razón y la observación, pero esta idea expresaba mi nueva actitud de absoluta sumisión a Él. Mi punto es que todo lo

---

[140] The Defense of the Faith, p. 108.
[141] Ernest Gordon Rupp, "Martin Luther", <http://www.hfac.uh.edu/gbrown/philosophers/leibniz/BritannicaPages/Luther/Luther.html> (29 de julio, 2005).

que Dios dice es verdad. No es solamente que Él conoce toda la verdad; Él es el *autor* y la fuente de la verdad. Si Dios lo dice, ¿quién soy yo para cuestionarlo?

En cuanto a la apologética, Van Til nos ofrece confianza para dialogar con los no creyentes. Nos ayuda a ver la raíz del problema del no creyente, y a tener los pies firmemente plantados en las Escrituras. Nos anima a hacer que la apologética mantenga su carácter evangelístico. Debemos ayudar al no creyente a someter su corazón y su mente a su creador.

Para Van Til, esto no era solamente una teoría; era también su práctica. Aunque algunos dirán que Van Til era un escritor muy filosófico y difícil de entender, sus alumnos recordamos que frecuentemente nos contaba que había conocido a alguien en el tren, y lo había invitado a tomar un café para hablar del evangelio. Para él, la apologética jamás debía ser separada de la evangelización. Yo recuerdo también que a menudo salía a pasear con los alumnos, conversando amistosamente, y que su himno favorito era "Sí, Cristo me ama".

Existen distintas opiniones en cuanto a si Van Til estuviera de acuerdo con el uso de las evidencias en la apologética. Probablemente la mayor autoridad sobre Van Til, John Frame, piensa que Van Til aceptaba el uso de las evidencias.[142] Aunque en algunas de sus clases me daba la impresión de que él decía que no debemos apelar a evidencias como argumentos científicos, estoy de acuerdo con Frame. Creo que Van Til no está diciendo que sea *incorrecto* usar evidencias, sino que no podemos esperar que el no creyente *acepte* las evidencias, porque está espiritualmente ciego. Él dice explícitamente que, aunque el

---

[142] John Frame, *Apologetics to the Glory of God; an Introduction* [Apologética para la gloria de Dios] (Phillipsburg, NJ: P&R Publishing, 1994), pp. 12-13.

no creyente está espiritualmente ciego, debemos predicarle el evangelio y "razonar" con él, porque el Espíritu puede utilizar eso para abrir sus ojos en forma milagrosa.

> ...Las Escrituras nos enseñan a hablar y predicar, además de razonar, con hombres ciegos, porque Dios, en cuyo nombre hablamos y razonamos, puede hacer que los ciegos vean. Jesús le dijo a Lázaro, quien ya estaba muerto, que se levantara y saliera de la tumba. El profeta predicó a los huesos secos en el valle, hasta que se convirtieron en carne. Así, nuestro razonamiento y nuestra predicación no son en vano mientras Dios en Cristo razona y predica a través de nosotros.[143]

Como yo lo veo, si confiamos en Dios para abrir los ojos del no creyente a la verdad del evangelio encontrada en las Escrituras, también podemos confiar en el Espíritu Santo para abrir sus ojos a las evidencias que vienen de la revelación general. ¿Por qué no usar todos los aspectos de la verdad? Por supuesto, el mensaje del evangelio es absolutamente necesario para la salvación, y claramente tiene la prioridad, pero a veces la evidencia de la revelación general puede ayudar a despejar el aire, para que la verdad se pueda ver más fácilmente.

FRANCIS SCHAEFFER (1912-1984)

Schaeffer estableció un hogar en las montañas de Suiza al que llamó *L'abri*, donde él y su esposa recibían a los escépticos intelectuales de la generación de las décadas de 1960 y 1970. Fue un evangelista-apologista para la gente de todo el mundo. Como tal, entendía las dudas y angustias de su generación. Analizaba desde una perspectiva cristiana no

---

[143] *The Defense of the Faith*, pp. 212-213.

solamente la filosofía, sino también la música, el arte, la literatura, y la cultura en general. Fue un "profeta" de su época por su comprensión de lo que ahora llamamos el postmodernismo y las advertencias que hizo respecto de él. Identificó aspectos clave de la imagen de Dios en el hombre, y supo usarlos para llegar a personas con la verdad del evangelio. Era especialmente bueno para señalar las contradicciones vitales de los no creyentes.

Nancy Pearcey, discípula de Schaeffer, considera que su método apologético es una mezcla del evidencialismo (estilo de Aquino, por ejemplo) y el presuposicionalismo (estilo de Van Til, por ejemplo). Piensa que tiene raíces en Thomas Reid y la filosofía escocesa llamada "la filosofía del sentido común", que sostenía que hay ciertas cosas que el hombre sabe instintivamente, y que no necesitan pruebas filosóficas complicadas. Por ejemplo, uno sabe que él mismo existe, que el mundo externo realmente existe, y que es válido usar la razón. [144]

El Dios que está ahí [The God Who is There][145]

Considero que este libro es el más importante de Schaeffer. En la primera mitad, explica el cambio ocurrido con el concepto de la verdad; ahora ya no se aceptan los absolutos, y no se cree en la lógica. Identifica una "línea de la desesperación" en la filosofía, debajo de la cual no hay un "campo unificado de conocimiento". Después, demuestra

---

[144] Nancy Pearcey, *Total Truth*, pp. 297, 313. Vea también Thomas Reid, *Essays on the Intellectual Powers of Man* (Boston: J. C. Derby, 1855).

[145] En inglés, publicado primero en 1968, Downers Grove, Illinois: InterVarsity Press. Ahora forma parte de la trilogía publicada por Crossway (Wheaton, Illinois, 1990). Publicado en español por Hodder and Stoughton en 2016.

cómo ocurrió el mismo fenómeno en el arte, la música, la cultura general, y en la teología.[146]

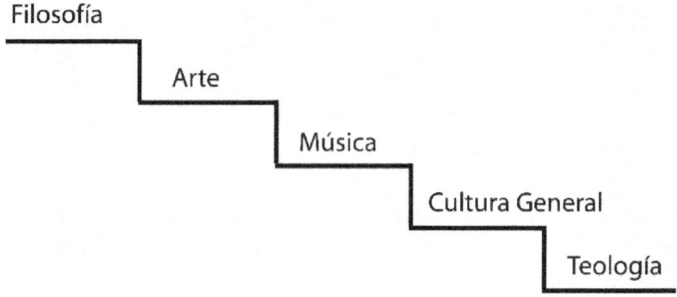

Debajo de esta línea, el hombre está en una sala oscura sin ventanas. Con respecto a la filosofía, Schaeffer considera a Kierkegaard el primero debajo de la línea, donde la fe no es racional. En el arte, fueron impresionistas como Gauguin quienes abrieron esta puerta. Gauguin pintó el cuadro "¿Qué? ¿De dónde? ¿Hacia dónde?" y poco después trató de suicidarse. El cuadro representa los eventos en la vida de una persona: su nacimiento, su vida, y su muerte. Con la pregunta del título, Gauguin expresa su incertidumbre acerca del significado y propósito de la vida. Algunos músicos han tratado de comunicar el caos en sus obras, como por ejemplo el *Premier Panorama de Musique Concréte*. Esta obra comienza con una voz que está hablando en griego, después disminuye, empieza a temblar, y termina en caos. La película de Bergman, "Silencio" es una serie de imágenes pornográficas sin sentido.

En este contexto, la apologética (la segunda mitad del libro) puede mostrar que el cristianismo tiene sentido, y que

---

[146] *The God Who is There*, p.16. Como se mencionó anteriormente, esta línea de Schaeffer es lo que me hizo pensar en una "línea de inseguridad" en general en la filosofía griega y moderna. Su línea sería el momento de cruzar desde la duda a la desesperación.

provee respuestas para el hombre contemporáneo. ¿Cómo sabemos que es verdadero? Porque todas las piezas encajan correctamente. Schaeffer cuenta una ilustración acerca de un libro roto encontrado en la bodega.

> Imagínese un libro que ha sido mutilado, dejando solamente dos centímetros de materia impresa en cada página. Aunque obviamente sería imposible captar el contenido y entender la trama del libro, pocas personas pensarían que estos restos se hubieran juntado por azar. Sin embargo, si se encontraran las porciones rotas de cada página en el entretecho, y si fueran colocadas en el lugar correcto, entonces podríamos leer el libro y captar el sentido.

> ...Así es con el cristianismo: los restos del libro corresponden al universo anormal y al hombre anormal que existen ahora. Las otras porciones de las páginas rotas que se descubren representan las Escrituras que son las comunicaciones verbales al hombre, que tocan no solamente la verdad "religiosa", sino también tocan el cosmos y la historia, que están abiertos para ser examinados.[147]

Schaeffer sugiere que debemos encontrar el "punto de tensión" con el no creyente, el punto en el que no es capaz de vivir de acuerdo con sus convicciones, y ayudarle a ver su incongruencia. Por ejemplo, el músico John Cage cree que todo viene del caos, y por lo tanto compone música al azar. Sin embargo, cuando va a recoger callampas, no lo hace al azar. Distingue cuidadosamente entre las callampas

---

[147] Francis Schaeffer, *The God Who is There* [El Dios que está allí] (Downers Grove, Illinois: InterVarsity Press, 1998), pp. 137-138. (En la edición de 1968, p. 108)

venenosas y las sanas. Cada persona ha construido un "techo" para protegerse y evitar reconocer sus inconsistencias, y debemos "sacar el techo" con cariño y cuidado.[148]

No existe libro semejante a este. Constituye un análisis profundo del hombre contemporáneo desde una perspectiva cristiana. Schaeffer habló claramente a una generación confundida y que enfrentaba una crisis de incertidumbre. Ayudó a muchos cristianos como yo a ver que el cristianismo es un paquete íntegro de verdad, que hay personas muy inteligentes que lo creen, y que el no creyente está perdido en un laberinto de contradicciones.

Él está Presente y no está callado[149]

Este es mi segundo libro favorito de Schaeffer. Es bastante filosófico. Muestra los problemas del no creyente en las tres áreas de la filosofía: metafísica, ética, y epistemología. Demuestra cómo es que el enfoque cristiano es el único consecuente.

Con respecto a la metafísica, hay solamente tres posibles explicaciones del origen del universo: todo comenzó de la nada, todo tuvo un comienzo impersonal, o todo tuvo un comienzo personal. La primera opción es impensable. La segunda opción significaría que todo es una unidad, lo cual llevaría a una pérdida de identidad y significado, incluso con respecto a nuestros pensamientos. La única explicación aceptable es que todo tuvo un comienzo personal.

---

[148] *The God Who is There*, pp. 147-154.

[149] En inglés, *He is There and He is Not Silent*, publicado primero en 1972, Wheaton, Illinois: Tyndale House. Ahora forma parte de la trilogía publicada por Crossway (Wheaton, Illinois, 1990). En español, publicado por Logoi/Unilit en Miami, pero está agotado. La editorial CLIE ahora tiene los derechos de los libros de Francis Schaeffer en español, y posiblemente hará una nueva publicación de algunas de sus obras.

Schaeffer presenta un argumento similar acerca de la ética. Si el universo hubiera tenido un comienzo impersonal, entonces la ética no tendría ningún sentido. Tampoco tendríamos una explicación del mal, o una solución del mal. Solamente el cristianismo provee una base válida para morales absolutos arraigados en el carácter de Dios. Solamente el cristianismo ofrece una explicación válida para la existencia del mal, sin hacer que Dios sea malo: el hombre fue creado bueno, pero se hizo malo. Además, el cristianismo provee la esperanza de cambio, en la cual el hombre puede ser redimido y mejorado. Por lo tanto, hay razón para luchar en contra del mal.

El cristianismo también resuelve el problema de la epistemología. El conocimiento es posible porque el Dios infinito y personal ha hecho el universo, ha hecho al hombre a su imagen, ha hecho el mundo en que vivimos, y se ha comunicado con el hombre, especialmente en la Biblia. Puesto que Dios lo sabe todo, puede comunicarse eficazmente con el hombre, y su mensaje está totalmente en armonía con el resto del universo y la experiencia del hombre. El hombre puede saber algo *verdaderamente*, sin saberlo *exhaustivamente*.

Schaeffer presenta una ilustración de la diferencia entre un salto irracional de fe y el concepto bíblico de la fe. Supongamos que estamos escalando los Alpes, y de pronto nos sobreviene una neblina densa. Estamos perdidos y el guía dice que nos congelaremos antes del amanecer. Una persona decide amarrarse a una cuerda y tirarse sobre el precipicio hacia lo desconocido, esperando caer sobre un lugar protegido del frío. Esto es un salto ciego. Ahora supongamos que los demás escuchamos a lo lejos la voz de un hombre, diciendo que sabe dónde podemos encontrar un lugar seguro y protegido del frío. No podemos ver al hombre, pero le preguntamos quién es, y nos damos cuenta de que su apellido pertenece a una familia que vive en la zona.

Hacemos más y más preguntas, hasta empezar a confiar en él. Solamente después de desarrollar esta confianza, nos amarramos a una cuerda y bajamos al lugar que él nos ha indicado. Esto representa la fe cristiana.[150]

Schaeffer es brillante en el ejercicio de empujar al no creyente a observar las inconsecuencias de su posición, y en la tarea de mostrar cómo los postulados cristianos están en armonía con su sentido innato de significado, de verdad, y de moralidad. Demuestra las consecuencias prácticas en la vida diaria de las preguntas filosóficas más profundas. Una vez un joven le invitó a su casa para conversar, pero cada vez que Schaeffer trataba de tocar un tema importante, el hombre insistía que no estaban comunicándose. Cuando Schaeffer se dio cuenta de que el joven pretendía mostrarle que la comunicación era imposible, simplemente le pidió una taza de té. Cuando le trajo el té, Schaeffer dijo, "¡Ahora estamos comunicándonos!"

Francis Schaeffer es uno de los pensadores cristianos que más admiro. Sus libros me ayudaron a superar los años de serias dudas. Me mostró que el cristianismo es un paquete íntegro de verdad que está en armonía con mi propia experiencia, y me llevó a desear creerlo. Me mostró que me habían lavado el cerebro, haciéndome pensar que la verdad era relativa y subjetiva. También despertó mi interés en la cultura contemporánea, y me dio el deseo de hacer de mi propia vida algo diferente y creativo.

---

[150] Francis Schaeffer, *He is There and He is not Silent* (Wheaton, Illinois: Tyndale, 1972), pp. 99-100. En español: *Él está allí y no está callado*, Miami: Logoi/Unilit.

DINÁMICA DE GRUPO

Pidan a una persona que asuma el papel de un no creyente, y a otras dos personas que asuman el papel de dos apologistas estudiados en este capítulo. Practiquen una posible conversación entre las tres personas acerca del cristianismo. Después, conversen acerca de cuál de los dos enfoques apologéticos era más efectivo.

PREGUNTAS DE REPASO

1. Explique los argumentos de Agustín para el problema del mal.
2. Anote los tres pasos del argumento ontológico de Anselmo.
3. Nombre los cinco argumentos de Tomás de Aquino para la existencia de Dios.
4. ¿Cuál es el peligro al usar estos argumentos?, según el autor.
5. Según Calvino, ¿por qué no es necesario probar la existencia de Dios con evidencias y argumentos?
6. Según Calvino, ¿qué forma de revelación es necesaria para que alguien se salve?
7. Según Calvino, ¿cómo llega una persona a creer en la autoridad de las Escrituras?
8. ¿Cuáles son las "pruebas" que da Calvino para confirmar la autoridad de las Escrituras?
9. Explique el argumento de G. K. Chesterton para la divinidad de Jesús.
10. Según C. S. Lewis, ¿qué perderíamos si tuviéramos un mundo en el que Dios se asegurara de que el mal no existiera?
11. Según, Lewis, ¿cuál es el beneficio del dolor?
12. Explique cómo se contradice el naturalismo, según Lewis.
13. ¿Cómo llegó a creer en Dios C. S. Lewis?

14. ¿Cuál es el argumento de Lewis para la existencia de Dios en *Mero cristianismo*?

15. ¿Cuál es el problema principal del pensamiento del no creyente, según Van Til?

16. ¿En qué sentido no existe "terreno común" entre el creyente y el no creyente?, según Van Til.

17. ¿Cuál es el "punto de contacto" con el no creyente?, según Van Til.

18. ¿En qué sentido todo razonamiento es circular?, según Van Til.

19. ¿Por qué no debemos usar criterios extrabíblicos para juzgar la Biblia?, según Van Til.

20. ¿Qué es la "línea de desesperación"?, según Francis Schaeffer?

21. Explique la ilustración del libro roto de Francis Schaeffer.

22. ¿Qué quiere decir Schaeffer cuando dice que debemos encontrar el "punto de tensión" del no creyente?

23. Resuma los argumentos principales del libro *Él está presente y no está callado*.

24. Explique la ilustración de Schaeffer de los alpinistas en peligro en los Alpes.

PREGUNTAS PARA REFLEXIÓN

1. Mencione el argumento dado por los apologistas estudiados en este capítulo que más le ha ayudado. ¿De qué modo le ayuda?

2. Explique cualquier inquietud que le surja respecto de alguno de los apologistas presentados en este capítulo.

6. SEGUNDA SELECCIÓN DE APOLOGISTAS

El segundo grupo de apologistas es más contemporáneo. Muchos de sus argumentos han sido presentados anteriormente por otros escritores, pero estos autores los han contextualizado para una nueva generación.

NORMAN GEISLER

Geisler ha producido un arsenal de argumentos útiles en la defensa de la fe. Ha escrito más de sesenta libros y cientos de artículos. En su libro *Apologética*, presenta evidencia científica, arqueológica, y bíblica para el cristianismo, poniendo mucho énfasis en la lógica. Se refiere a los argumentos clásicos para la existencia de Dios, y agrega el argumento de la ley moral, dando crédito a Emanuel Kant. La idea es que el sentido del "deber" no puede venir de un universo natural; tiene que venir de un ser supremo que establece la ley, el cual es Dios. El hecho de que la mayoría de las personas tiene principios éticos en común apunta con aun más fuerza a una fuente divina de moralidad. Geisler refuta la teoría de un universo material que ha existido siempre, haciendo referencia a la segunda ley de la termodinámica. Según esta ley, el calor siempre se disipa, y el universo pierde velocidad. El problema es que si hubiera existido desde siempre, como debe suponerse, ¡ya se habría detenido! La conclusión es que el universo tuvo un comienzo.

Al tratar el problema del mal, cita a Agustín, y desarrolla el argumento de que la maldad no es una sustancia creada por Dios. Geisler dice,

> El mal es, en realidad, un parásito que no puede existir salvo como una grieta en algo que debiera ser sólido. En algunos casos, el mal es explicable fácilmente, tal

como sucede con las malas relaciones. Si escojo un buen revólver, le pongo una buena bala, lo apunto a mi buena cabeza, pongo mi buen dedo en el buen gatillo y le doy un buen apretón... resulta una mala relación. Las cosas involucradas en esta relación no son malas en sí mismas, pero la relación entre las cosas buenas carece definitivamente de algo. En este caso, la falta o carencia se da porque las cosas no se usan como deberían usarse. ...El mal es la falta de algo que debería haber en la relación entre las cosas buenas.[151]

Siguiendo una argumentación similar a la de C. S. Lewis, Geisler sugiere que un mundo sin la posibilidad del mal sería posible solamente en un mundo sin libre albedrío. Nos desafía a considerar las opciones: Dios podría haber decidido no crear nada, o podría haber decidido hacer criaturas que no fueran libres. Solamente en teoría, Dios podría haber hecho criaturas "libres" que no pecaran, pero esto no es factible.

¿Cómo podría Dios garantizar que nunca pecarían? Una manera sería interferir sus libertades, por ejemplo, instalando alguna forma de mecanismo que interviniera para cambiar la decisión de las criaturas cuando estuvieran por elegir algo malo... Quizá también podría haber programado a las criaturas para que solo hicieran cosas buenas, pero ¿son realmente libres esa clase de criaturas?[152]

Geisler considera que "el amor a la fuerza es una violación; y Dios no es un violador divino." Concluye,

---

[151] Normal Geisler y Ron Brooks, *Apologética* (Miami: Logoi/Unilit, 1995), pp. 73-74.
[152] Geisler, *Apologética*, p. 86.

¿Es este el mejor de los mundos posibles que Dios podía haber hecho? Tal vez no, pero es el mejor *camino* al mejor mundo. Si Dios va a preservar la libertad y a la vez derrotar el mal, entonces esta es la mejor forma de hacerlo.[153]

Con respecto a la Biblia, Geisler arguye que podemos aceptarla por causa del testimonio de Jesús. Él confirmó el Antiguo Testamento (Mateo 5.18, 2 Timoteo 3.16, 2 Pedro 1.21), y prometió el Nuevo Testamento (Juan 14.25-26). Todas las aparentes dificultades en la Biblia tienen explicaciones válidas. Por ejemplo, las dos genealogías diferentes de Jesús en Mateo y Lucas se pueden armonizar cuando se toma en cuenta que Mateo da la ascendencia de José mientras Lucas da el linaje de María.[154] Además, muchas de las genealogías de la Biblia frecuentemente no tenían la intención de ser completas, como Génesis 5. Otros supuestos errores en los datos se pueden explicar cuando sabemos que a menudo los números eran redondeados en aquel tiempo. "Imprecisión" a propósito no es lo mismo que *error*.[155] Geisler explica varios pasajes bíblicos que han sido atacados por los críticos liberales.

Geisler provee buenos argumentos y mucha evidencia actualizada. Mi única preocupación es que algunos de sus comentarios acerca de la importancia que atribuimos a la razón y a la lógica pueden confundirnos. En la introducción de su libro, propone que hay una diferencia entre la evangelización y la "pre-evangelización". Mientras la evangelización está basada en la revelación, la pre-evangelización (la apologética) está basada en la razón.[156]

---

[153] Geisler, p. 87.
[154] Geisler, p. 202.
[155] Geisler, p. 198.
[156] Geisler. p. 12.

Después de explicar los principios de la lógica de Aristóteles, apuntando al hecho de que "toda lógica puede reducirse a un solo axioma: la ley de la no contradicción"[157], dice:

> Estos principios son el fundamento de todo conocimiento. Desde este punto de vista, la lógica y la evidencia pueden confirmar que Dios existe y que Cristo es su Hijo. La verdad tiene un fundamento absoluto de primeros principios innegables y puede ser probada a través de medios lógicos porque, finalmente, corresponde a la realidad.[158]

No creo que quiera decir que la lógica sea nuestra autoridad final para determinar la verdad, aun sobre la Palabra de Dios. Si estamos de acuerdo con el no-creyente que la lógica es nuestro juez principal de la verdad, ¿qué sucederá cuando hablamos de la doctrina de la Trinidad o las dos naturalezas de Cristo, por ejemplo? La Biblia está llena de milagros, y nuestra salvación depende de milagros. ¿Pero son lógicos los milagros? Hay verdades bíblicas que van más allá de nuestra comprensión lógica. Dios mismo es la fuente de toda verdad. "El principio de la sabiduría es el temor de Jehová" (Proverbios 1.7.)

Yo puedo utilizar casi todos los argumentos de su libro, siempre que me mantenga fiel a mi compromiso con la autoridad y la preeminencia de la Palabra de Dios. ¿Qué pasa cuando alguien me pregunta por qué creo lo que creo?, ¿cuál es mi respuesta final?, ¿cómo le contesto? ¿Le digo, "porque es lógico", o le digo "porque lo dice Dios"? Si mi respuesta última está fundada en la *lógica*, entonces mi respuesta en realidad es, "porque *yo lo pienso*", y, ¡repetimos la tragedia del huerto de Edén!

---

[157] Geisler, p. 324.
[158] Geisler, p. 327.

También debemos tener en cuenta que la apologética es una herramienta para la evangelización. No queremos simplemente convencer a alguien de las verdades del cristianismo mediante argumentos lógicos. Esto no sería fe salvadora en Cristo. Pablo no trató de mostrar que su sabiduría era superior, sino que Cristo era superior (1 Corintios 2:1-5).

Josh McDowell

McDowell es un apologista muy popular que ha representado a *Cruzada Estudiantil*[159] durante más de treinta años, dando conferencias para estudiantes universitarios alrededor del mundo. No presenta una estrategia apologética nueva, pero ha escrito más de 151 libros en más de 128 idiomas, los cuales constituyen una enciclopedia de datos y evidencias que apoyan la verdad del cristianismo. Él mismo se convirtió tratando de probar que la resurrección no había sucedido; en este proceso quedó convencido de que la evidencia apuntaba a su veracidad.

En *Evidencia que exige un veredicto,*[160] comienza con la evidencia de la credibilidad de la Biblia: es única, y está confirmada por la historia y por la arqueología. Otros capítulos posteriores tratan el mismo tema, y presentan evidencia de profecías cumplidas. La sección intermedia desarrolla el argumento "trilema" para la divinidad de Jesús. Es un "trilema" porque contamos con tres opciones: Jesús era lunático, mentiroso, o el Señor. Puesto que Su vida y Sus enseñanzas no corresponden a las de un lunático o mentiroso, debió ser quién dijo que era: Dios. McDowell

---

[159] Cruzada Estudiantil y Profesional para Cristo (en inglés: CRU, antes llamado *Campus Crusade for Christ*).
[160] Josh McDowell, *Evidencia que exige un veredicto* (Deerfield, Florida: Vida).

escribió un segundo tomo con el mismo título, dedicado especialmente a contestar las acusaciones de la alta crítica, las cuales pretenden convertir la Biblia en un documento meramente humano, lleno de contradicciones y errores. Finalmente, escribió *Nueva evidencia que exige un veredicto* que contesta nuevas acusaciones del "Jesus Seminar" (un grupo de eruditos que presentan supuesta evidencia nueva que contradice los relatos bíblicos acerca de Jesús), y también trata temas más filosóficos como la naturaleza de la verdad y postmodernismo.[161]

Algunos de los ejemplos más convincentes de las profecías cumplidas relacionadas con el Mesías son los siguientes:

Nacería de una virgen.

> *Por tanto, el Señor mismo les dará esta señal: Una virgen concebirá y dará a luz un hijo, y le pondrá por nombre Emmanuel.* (Isaías 7:14)

Nacería en Belén.

> *Pero tú, Belén Efrata, Aunque eres pequeña entre las familias de Judá, De ti me saldrá el que ha de ser gobernante en Israel. Y sus orígenes son desde tiempos antiguos, Desde los días de la eternidad.* (Miqueas 5:2)

Entraría a Jerusalén montado en un asno.

> *Regocíjate sobremanera, hija de Sión! ¡Da voces de júbilo, hija de Jerusalén! Tu Rey viene a ti, Justo y dotado de salvación, Humilde, montado en un asno, En un pollino, hijo de asna."* (Zacarías 9:9)

---

[161] Casa Bautista, 2007.

Sería herido por nuestras transgresiones, pero no se defendería.

> *Ciertamente llevó él nuestras enfermedades, y sufrió nuestros dolores; y nosotros le tuvimos por azotado, por herido de Dios y abatido. Mas él herido fue por nuestras rebeliones, molido por nuestros pecados; el castigo de nuestra paz fue sobre él, y por su llaga fuimos nosotros curados. Todos nosotros nos descarriamos como ovejas, cada cual se apartó por su camino; mas Jehová cargó en él el pecado de todos nosotros. Angustiado él, y afligido, no abrió su boca; como cordero fue llevado al matadero; y como oveja delante de sus trasquiladores, enmudeció, y no abrió su boca. (Isaías 53:4-7 RVR60)*

McDowell provee más evidencia de profecías bíblicas, cuyos cumplimientos han sido confirmados en libros históricos seculares, tal como la destrucción de Tiro. Ezequiel 26 indica que esta ciudad sería demolida por Nabucodonosor, convertida en una "peña lisa", un lugar para tender redes de pescadores, y que finalmente sería totalmente destruida y perdida. McDowell cita relatos seculares de los ataques de Nabucodonosor y de la destrucción posterior de Tiro por parte de Alejandro Magno y otros.[162]

HENRY MORRIS Y JOHN WHITCOMB

Muchos científicos creyentes han estado combatiendo la teoría naturalista de la evolución desde la segunda mitad del siglo pasado hasta ahora, por medio de entregar evidencia en contra de esta teoría. Henry Morris fue director del *Institute for Creation Research* [Instituto para la investigación de la creación]. En *The Genesis Flood* [El diluvio

---

[162] *Evidencia*, pp. 276-283.

de Génesis], junto con el teólogo John Whitcomb, defienden la posición de que la tierra fue creada con la apariencia de mucha edad. (Explicaremos este enfoque, junto con otras perspectivas en un capítulo posterior.) Señalan las falacias presentadas por los evolucionistas en los registros de fósiles. John MacArthur dice que este libro es "uno de los libros más importantes del siglo pasado".[163] Morris y Whitcomb postulan que el gran diluvio explica muchas cosas misteriosas, como la existencia de miles de mamuts congelados en Siberia. Creen que durante la catástrofe, el clima cambió tan rápida y drásticamente que causó el inicio de la edad de hielo. Los animales no tuvieron tiempo para migrar a un lugar más cálido, y se congelaron. Si el esquema evolucionista fuera verdad, los mamuts habrían tenido tiempo para buscar un lugar menos frío.[164]

Morris y Whitcomb también señalan el problema de armonizar la teoría de la evolución con las leyes de la termodinámica que son universalmente aceptadas por los físicos. Según la segunda ley de la termodinámica, las cosas tienden a deteriorarse y volverse más desordenadas (este principio se llama "entropía"). Pero esto es lo contrario de lo que propone la teoría de la evolución natural: que las cosas se vuelven cada vez más organizadas y complejas por medio de un proceso meramente natural.[165]

En *Science and the Bible* [Ciencia y la Biblia] Morris arguye que uno de los problemas más serios que enfrentan los evolucionistas es la falta de fósiles de transición. Dicen que sólo existen fósiles de animales muy distintos entre sí. La evidencia señala más bien «saltos repentinos» en vez de cambios graduales.

---

[163] Vea la portada de la versión publicado en 2011.
[164] Henry Morris y John Whitcomb, *The Genesis Flood* (Phillipsburg, NJ: P&R Publishing, 1989), pp. 288–95.
[165] Henry Morris, *The Genesis Flood*, xxi, 222–27.

Además, los fósiles de éstas distintas especies muchas veces no se encuentran en sucesivas capas según su complejidad, como es de esperar según la teoría de la evolución. Al contrario, los científicos han encontrado especies que supuestamente se evolucionaron sobre largos períodos de tiempo en capas que corresponden a casi la misma edad histórica.[166]

ANTONIO CRUZ

Antonio Cruz es un biólogo/teólogo español que está haciendo un excelente aporte muy actualizado en los campos de la evolución, la ciencia, y el postmodernismo. Aunque muchos de nosotros no podemos apreciar algunos aspectos técnicos del material científico presentado en sus libros, podemos confiar en su conocimiento y en su enfoque bíblico. Podemos simplificar sus argumentos y usarlos en la apologética. Me anima mucho la presencia profesional del Dr. Cruz en la discusión pública acerca de la relación entre ciencia y fe. Tuve el privilegio de trabajar en una oficina contigua a la suya durante el año en el que él vivió en Miami y viajó dando conferencias por América Latina. Lo considero uno de los mejores escritores y conferencistas cristianos a nivel mundial existentes en la actualidad.

Él señala que los argumentos utilizados por los evolucionistas se están agotando, y que la teoría está perdiendo apoyo incluso en el ámbito secular. Él demuestra que toda la creación exhibe un diseño inteligente, y que para no verlo habría que estar ciego.

> Existe un elefante en los laboratorios científicos y centros de investigación llamado "diseño inteligente". Pero la mayoría no lo quiere ver porque les han dicho

---

[166] Henry M. Morris, *Science and the Bible* (Chicago: Moody Press, 1986), pp. 51-55.

que cualquier hipótesis que conduzca a admitir la existencia de Dios no puede ser científica. Sin embargo, la molécula de ADN no apareció por casualidad sino que fue planeada por alguien.[167]

Cruz explica que el átomo mismo está perfectamente diseñado, sin lugar para alteraciones.

Acerca del neutrón se puede decir lo mismo. Si su masa se redujera en tan sólo un 0.1%, los protones se convertirían en neutrones provocando que todas las estrellas del universo colapsen formando agujeros negros o estrellas neutrónicas. Para que la vida en la tierra sea posible, los neutrones de todos los átomos deben tener el ajuste preciso de masa que poseen.[168]

Cruz arguye que la complejidad de organismos ha existido desde el comienzo, y que no hay evidencia de un proceso gradual desde lo más simple hasta lo más complejo, tal como sostienen los evolucionistas.

Si el gato y el perro derivaron de un antepasado común, como nos dice el darwinismo, ¿dónde está la colección de fósiles graduales que debió existir entre el ancestro y el gato, por una parte, y el ancestro y el perro, por otra? Esta cuestión de los eslabones perdidos, que tanto preocupó al propio Darwin y que él atribuyó a la imperfección del registro fósil, ha sido finalmente admitida por los paleontólogos evolucionistas, y algunos han respondido que tales

---

[167] Antonio Cruz, ¿La ciencia encuentra a Dios? (Barcelona: CLIE, 2004), p. 219.
[168] ¿La ciencia encuentra a Dios?, pp. 181-182.

fósiles intermedios no se han encontrado, porque nunca realmente existieron.[169]

Al contrario, la evidencia apunta a saltos repentinos. Algunos evolucionistas, como Stephen Jay Gould de Harvard, han propuesto una nueva versión de la teoría de evolución llamada el "equilibrio puntuado", en que las especies mantienen un equilibrio durante largos períodos de tiempo, y después experimentan cambios bruscos en un lapso breve de tiempo.[170] El siguiente dibujo demuestra la diferencia entre el gradualismo y el equilibrio puntuado.

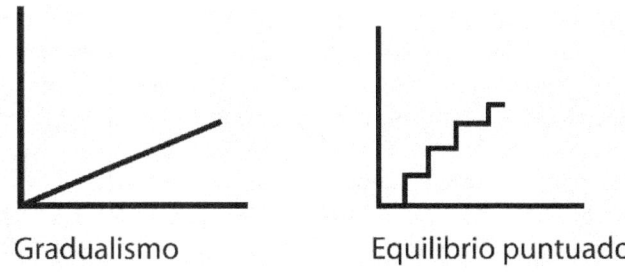

Gradualismo   Equilibrio puntuado

¿Cómo piensa Gould que se produjeron estos cambios bruscos? ¿Por qué no se encuentran los fósiles que comprueben esto? Cruz explica la solución de Gould y después da su propia respuesta:

> Lo que se requería era un cambio tan brusco que fuera capaz de convertir una especie en otra completamente distinta. Y se le ocurrió lo siguiente: una pequeña mutación genética en el embrión podría afectar por completo el adulto. Dicho en otras

---

[169] *¿La ciencia encuentra a Dios?*, p. 282.
[170] *¿La ciencia encuentra a Dios?*, pp. 81-82, 282-283.

palabras, un día cierta hembra de lagarto debió poner un huevo y cuando éste eclosionó apareció un ratón. [Esto sería la conclusión según la teoría de Gould, dice Cruz.]

[Cruz responde.] Ni que decir tiene que nadie ha demostrado jamás un solo caso de aparición de una nueva especie ocurrido de esta manera (o de ninguna otra).[171]

Dr. Cruz cree que al comienzo Dios creó más especies de lo que existen ahora, y que muchas han desaparecido en el transcurso del tiempo, especialmente con el gran diluvio. Aunque algunas especies han experimentado cambios menores ("microevolución"), no hay evidencia de cambios de una especie a otra ("macroevolución").[172]

Dr. Cruz arguye en contra de la teoría que proponen algunos cristianos, especulando que Dios iba creando nuevas especies en forma intermitente sobre un período de millones de años. Dice que tiene un conflicto con el relato bíblico de la Caída. Resulta que la Biblia enseña que la muerte fue un castigo por el pecado. Pero si los animales vivían y morían durante tanto tiempo antes de la aparición del hombre, habrían experimentado el castigo del pecado antes de la Caída.[173]

Cruz prefiere la teoría del "lapso". Cree que la tierra es muy antigua, pero clarifica que la Biblia no indica la edad del universo. Cree que Dios hizo los materiales iniciales, y que posiblemente pasaron varios miles de millones de años antes de crear las plantas y los animales. Este lapso de tiempo

---

[171] *¿La ciencia encuentra a Dios?*, p. 283.
[172] *¿La ciencia encuentra a Dios?*, p. 180.
[173] *¿La ciencia encuentra a Dios?*, p. 176.

podría haber ocurrido entre el versículo uno y el versículo dos de Génesis 1.

> *En el principio creó Dios los cielos y la tierra.*
> *//Y la tierra estaba desordenada y vacía, y las tinieblas estaban sobre la faz del abismo, y el Espíritu de Dios se movía sobre la faz de las aguas.* (Génesis 1:1-2 RVR60)

Uno de los versículos citados por los que creen en una creación en seis días literales es Éxodo 20.11: "Porque en seis días hizo Jehová los cielos y la tierra, el mar, y todas las cosas que en ellos hay..." (RVR60). Pero Cruz sugiere que el versículo podría traducirse, "Porque *seis días* Jehová *trabajó* los cielos y la tierra" en vez de "Porque *en seis días hizo* Jehová los cielos y la tierra...". Dice que el texto original no tiene la preposición "en". En otras palabras, interpreta el versículo en el sentido de que Dios trabajó durante los seis días con materiales ya hechos anteriormente.[174]

Uno de los mejores argumentos del Dr. Cruz en contra del darwinismo está basado en la "complejidad irreducible."[175] Él da crédito al bioquímico Michael Behe[176] por haber explicado este concepto. La idea es, tal como una ratonera no funciona si falta una pieza, los organismos vivos también tienen partes interdependientes que no funcionan si el mecanismo completo no está funcionando. El ojo es un buen ejemplo; no funciona si falta la retina, o el nervio óptico, o la pupila.

---

[174] ¿La Ciencia Encuentra a Dios?, p. 179.

[175] Antonio Cruz, *Sociología; una desmitificación* (Barcelona: CLIE/Logoi, 2001), pp. 210-214. *¿La ciencia encuentra a Dios?*, pp. 23-24, 240, 376.

[176] Vea Michael J. Behe, *Darwin's Black Box* [La caja negra de Darwin] (New York: Free Press/Simon and Schuster, 1966).

...Un sistema así no se puede haber producido por evolución de lo simple a lo complejo, porque cualquier precursor que careciera de una parte concreta sería del todo ineficaz. Habría tenido que originarse necesariamente como una unidad integrada para poder funcionar de manera correcta desde el principio.[177]

Darwin mismo manifestó su inquietud acerca de la complejidad irreducible, admitiendo que si pudiera ser comprobada, su propia teoría sería falsa.

Si pudiera demostrarse que existió algún órgano complejo que tal vez no pudo formarse por modificaciones ligeras, sucesivas y numerosas, mi teoría se vendría abajo por completo.[178]

R. C. SPROUL

Sproul es reconocido por su enseñanza teológica clara y práctica. Su enfoque apologético es similar al método de Norman Geisler. Es co-autor de un libro llamado *Classical Apologetics* [Apologética clásica],[179] en que defiende y "reconstruye" la estrategia tradicional, o el enfoque de acuerdo con la "teología natural", usado por teólogos como Tomás de Aquino.

Sproul cree tanto en la "primacía de la mente" como la "primacía del corazón". La mente tiene una primacía de orden, mientras el corazón tiene la primacía de importancia.[180] Según Sproul, el hombre necesita la razón, tal

---

[177] ¿La ciencia encuentra a Dios?, p. 23
[178] Darwin, citado en Cruz, *¿La ciencia encuentra a Dios?*, p. 24.
[179] R. C. Sproul, John Gerstner, y Arthur Lindsley, *Classical Apologetics: A Rational Defense of the Christian Faith and a Critique of Presuppositional Apologetics* (Grand Rapids: Zondervan, 1984).
[180] Sproul, *Classical Apologetics*, ix.

como necesita el oxígeno, y que por lo tanto, el cristiano debe acercarse al no creyente con razones.[181]

Explica que la fe genuina que salva tiene tres aspectos, y que los teólogos han designado nombres en latín para cada uno en latín. *Notitia* se refiere a la comprensión cognitiva, intelectual, del contenido del mensaje del evangelio. (La persona entiende.) *Assensus* se refiere al asentimiento intelectual personal a la verdad de este contenido. (La persona está de acuerdo.) *Fiducia* se refiere a la confianza personal en Cristo para su salvación. La apologética, que Sproul también llama la "pre-evangelización", es vital para los dos primeros aspectos. Sin embargo, la apologética no puede producir el tercer aspecto, que es necesario para la salvación.[182] Sproul nos recuerda que Dios se ha revelado a Sí mismo a través de la creación (Romanos 1.18–20), y afirma que aun el no cristiano puede entender esta revelación natural, aun sin las Escrituras. Así toda la creación llega a ser "terreno común" entre el cristiano y el no cristiano.[183]

En su libro posterior, *Defending Your Faith* [Defendiendo su fe][184] Sproul muestra más específicamente cómo se debe usar esta estrategia apologética clásica. Primero, establece cuatro principios del conocimiento que él encuentra asumidas en las Escrituras: 1) la ley de la no-contradicción, 2) la ley de la causalidad, 3) la confiabilidad básica (pero no perfecta) de la percepción sensorial, y 4) el uso análogo del lenguaje.[185] El cuarto punto trata del hecho de que podemos hablar legítimamente acerca de Dios, sin tener un conocimiento perfecto de Él. Algunos teólogos sostienen que Dios es tan distinto del hombre que no podemos saber nada

---

[181] Sproul, *Classical Apologetics*, p. 16.
[182] Sproul, *Classical Apologetics*, p. 21.
[183] Sproul, *Classical Apologetics*, pp. 70–72.
[184] R. C. Sproul, *Defending Your Faith: An Introduction to Apologetics* (Wheaton, IL: Crossway, 2003).
[185] Sproul, *Defending Your Faith*, p. 30.

acerca de Él con certeza, y no podemos hablar acerca de Él con sentido. Pero Sproul insiste que hay suficiente semejanza entre Dios y el hombre para hacer una "conexión" (un punto de "analogía"), para permitir hablar acerca de Él con verdadero significado.[186]

Después, basándose en Romanos 1, Sproul defiende la "teología natural", como un estudio de la revelación de Dios en la creación. Piensa que Aquino ha sido malentendido, y que fue injustamente criticado por los protestantes durante el siglo XX.[187] Sproul insiste que Aquino no hizo una "separación" entre la fe y la razón, sino solamente una "distinción". Él culpa a Kant, y no a Aquino, por tal separación.

Sproul procede a practicar el método clásico, presentando primero algunos argumentos para la existencia de Dios. Analiza cuatro opciones para explicar la existencia de la realidad: 1) Podría ser una ilusión. 2) Podría haberse creado a sí misma. 3) Podría existir por sí sola (es decir, siempre existía). 4) Podría haber sido creada por algo que existe por sí solo. La razón no nos permite creer, tal como nos mostró Descartes, que todo sea una ilusión. Por lo menos yo mismo existo, porque de otra manera, no podría estar pensando. La opción de que la realidad se creó a sí misma es absurda, porque viola la ley de la causalidad y la ley de la no contradicción. "Para que algo sea el creador de sí mismo, es decir, para que algo sea su propia causa y su propio efecto, tendría que haber existido antes de que existiera.[188] Decir que la realidad siempre existía significa conceder que algo eterno causó la existencia de todo lo demás. Y esta primera causa no pudo ser algo material e impersonal, ya que el mundo que observamos señala a un diseñador inteligente, a

---

[186] Sproul, *Defending Your Faith*, p. 33.
[187] Sproul, *Defending Your Faith*, p. 79.
[188] Sproul, *Defending Your Faith*, p. 110.

un Dios personal. Además, la ley moral en el corazón del hombre (Romanos 2) apunta a alguien que establece la ley y a un juez perfecto.

Hasta ahora, Sproul ha estado defendiendo la existencia de un Dios creador, eterno, personal. Después, defiende la Biblia como nuestra autoridad, para dejar el fundamento para el sistema completo de pensamiento cristiano. Prefiere evitar un "argumento circular" que cita la Biblia para defender la Biblia. Pero apela a evidencia "interna" y a evidencia "externa" de su autenticidad. La evidencia interna incluye su coherencia, simetría, y "contenido celestial". La evidencia externa incluye los descubrimientos históricos y arqueológicos. Pero la clave para aceptar la autoridad de las Escrituras es el testimonio de Jesucristo.

> Para resumir el argumento en unas pocas palabras: primero, debemos mostrar que el registro bíblico es históricamente confiable, después mostramos que los autores bíblicos describieron el carácter de Jesús como una persona sin falla. Una vez que establezcamos eso, podemos juzgar que Su testimonio acerca de la profecía es de confianza, porque Su carácter es de confianza, tal como los documentos bíblicos de confianza afirman. Si aceptamos Su enseñanza, podemos aceptar Su enseñanza acerca de las Escrituras, que son la misma palabra de Dios.

> En esta progresión, la autoridad de la Biblia, en el sentido más alto, descansa en el testimonio de Jesús.[189]

Sproul es un experto en hacer cosas difíciles más fáciles de entender, y esto es lo que ha hecho con la apologética

---

[189] Sproul, *Defending Your Faith*, p. 181.

clásica. Aunque me gusta mucho su enseñanza teológica, cuando se trata de la apologética en particular, tengo la misma inquietud que tengo con el enfoque de Norman Geisler. Sproul tiene mucho que ofrecer en argumentos útiles, pero alguien podría entender mal su énfasis en la razón y usarla mal. Para ser justo con él, Sproul mismo clarifica que no quiere someter a Dios ni la Biblia a prueba humana. "Es una cosa usar el don de Dios para razonar en la apologética, pero es muy distinto presumir que nuestra razón es la última norma para juzgar la verdad."[190]

JOHN FRAME

John Frame ha tomado lo mejor de Van Til, pero ha modificado su enfoque para hacerlo más práctico, amistoso, y abierto al uso apropiado de evidencias y argumentos razonados. Creo que también heredó algo de Francis Schaeffer. En *Apologetics to the Glory of God* [Apologética para la gloria de Dios], sugiere que la apologética tiene tres aspectos: 1) prueba, dando una base racional para nuestra fe, 2) defensa, contestando las objeciones, y 3) ofensiva, atacando el pensamiento del no creyente. Debe estar basada en las Escrituras, y no en argumentos "neutrales". Frecuentemente, la apologética comienza con evidencia supuestamente "objetiva". Sin embargo, según estos enfoques,

> La lógica, los hechos, la experiencia, y tales cosas llegan a ser las fuentes de la verdad. La revelación divina, especialmente las Escrituras, está excluida sistemáticamente.[191]

---

[190] Sproul, *Defending Your Faith*, p. 168
[191] John Frame, *Apologetics to the Glory of God* [La apologética para la gloria de Dios] (Phillipsburg, NJ: P&R, 1994), p. 4.

Como ha mostrado Van Til, no existe verdadera "neutralidad". No obstante, podemos usar las evidencias, siempre que no traicionemos nuestras presuposiciones cristianas.

Frame utiliza varios argumentos para la existencia de Dios. Primero, explica el argumento moral. Los valores éticos están estructurados jerárquicamente. Al subir la escalera hacia el valor más alto, nos preguntamos de dónde viene la autoridad del principio moral absoluto. Hay dos posibles respuestas: 1) la fuente es personal, o 2) la fuente es impersonal. Si la fuente fuera impersonal, tendríamos una pregunta imposible de contestar: "¿Qué cosa que tiene significado ético podemos aprender de las colisiones impredecibles de las partículas subatómicas?"[192] Concluimos que la fuente debe ser personal, y que solamente el Dios cristiano es tanto personal como absoluto.

En segundo lugar, Frame presenta el argumento *epistemológico*. La mente humana concuerda con la realidad del mundo externo, y puede interpretarlo con sentido. ¿Cómo podría suceder esto al azar? La hipótesis de personalidad absoluta explica los datos mucho mejor que la impersonalidad última. Estos dos argumentos nos recuerdan de Francis Schaeffer.

Frame dedica mucha atención a responder al problema del mal.[193] Este tipo de argumento es llamado una "teodicea". Frame insiste en que la Biblia nunca utiliza el argumento del libre albedrío cuando surge el tema del mal.[194] Desea presentar una respuesta bíblica, no filosófica o especulativa. ¿Qué dice la Biblia acerca del "problema del mal"? Primero, que Dios no nos debe ninguna explicación, y que el hombre no tiene ningún derecho a quejarse delante de Dios. El libro

---

[192] Frame, *Apologetics*, p. 98. (Traducido por el autor.)
[193] *Apologetics*, pp. 149-190.
[194] *Apologetics*, pp. 159-163.

de Job y el capítulo 9 de Romanos nos ponen en nuestro lugar. Frame sugiere que debemos mirar la historia y el tiempo a través de los ojos de Dios, tanto el pasado como el presente y el futuro.

> Siempre he pensado que muchos misterios teológicos están relacionados con el misterio del tiempo.[195]

El tiempo hace que el sufrimiento sea difícil de soportar.

> Ciertamente, gran parte del problema del sufrimiento reside en el hecho de que nuestro sufrimiento se prolonga en el tiempo. Clamamos a Dios y él parece no escucharnos. O, más bien, en efecto nos dice que esperemos y esperemos y esperemos.[196]

Pero el tiempo provee la plataforma para el plan de salvación. El Antiguo Testamento nos da una orientación especialmente clara con respecto al problema del mal. Dios permite que el sufrimiento se prolongue, pero está resolviendo el problema en Cristo. Dios pondrá fin al mal, mostrando tanto Su justicia como Su misericordia. ¿Cómo? No vemos la respuesta hasta el Nuevo Testamento. Dios envía a Su propio hijo a sufrir la justicia, mostrando así misericordia con Su pueblo. Frame dice que Cristo es nuestra "teodicea."[197]

> Pero esta es la lección para nosotros: Si Dios puede vindicar su justicia y su misericordia en una situación en que tal vindicación parecía imposible, si puede vindicarlas de una manera que lejos superó nuestras

---

[195] *Apologetics*, p. 180.
[196] *Apologetics*, p. 180.
[197] *Apologetics*, pp. 182, 183.

expectativas y nuestra comprensión, ¿cómo no podemos confiar en Él para vindicarse de nuevo?[198]

Aun ahora Dios está usando el mal para sus propósitos buenos:

> No podemos siempre entender por qué Dios ha escogido eventos malos para cumplir estos propósitos buenos. Sin embargo, sabemos que Dios nunca predestina un evento malo sin un propósito bueno (Romanos 8.28).[199]

Con respecto al futuro, ¡tenemos la promesa que Dios terminará con todo mal!

> Posiblemente cuando veamos a Dios cara a cara, veremos una cara de tal suprema confiabilidad, que todas nuestras quejas desaparecerán.... En todo caso, podemos estar seguros de que en el día final no existirá ningún problema con el mal.[200]

Hay muchos otros apologistas que han hecho aportes valiosos a la defensa de la fe. Cabe destacar al autor español, Samuel Vila, fundador de la editorial CLIE, quien escribió numerosas obras apologéticas, abogando por la racionalidad de la fe cristiana.[201] Nancy Pearcey defiende el concepto cristiano de una verdad unificada, en contraste con una dicotomía de "dos pisos".[202] Paul Little ha escrito varios libros y ha dado muchas conferencias para *Grupos Bíblicos*

---

[198] *Apologetics*, p. 184.
[199] *Apologetics*, p. 187.
[200] *Apologetics*, p. 189.
[201] Vea una bibliografía de él, y una lista de sus obras en: <http://www.clie.es/?page=shop/author&author_id=464>
[202] Nancy Pearcey, *Total Truth*.

Universitarios.[203] James Sire tiene un libro excelente sobre enfoques de vida no cristianos, *El universo de al lado.*[204] Walter Martin es una autoridad en sectas. Humberto Lagos[205] también es un experto que aparece frecuentemente en la televisión para hablar de sectas. Peter Jones[206] y Doug Groothuis[207] han escrito excelentes libros sobre la Nueva Era. Para asuntos de la Biblia, recomiendo teólogos eruditos como Edward J. Young,[208] y Gleason Archer.[209] El libro de Charles Colson, *¿Y ahora cómo viviremos?*[210] constituye una poderosa presentación del enfoque de vida cristiano, y un análisis extraordinario de muchos temas de discusión en la actualidad, incluyendo la evolución, la ciencia, y la ética. Lee Strobel es un periodista que conversa con los teólogos acerca de las preguntas más difíciles, y presenta los argumentos de una manera convincente y amena.[211]

Uno de mis autores favoritos, Timothy Keller, publicó un excelente libro apologético, *La Razón de Dios,* poco después

---

[203] Paul Little, *Know What and Why You Believe* [Sepa qué y por qué cree] (Minneapolis, Minnesota: World Wide Publications, 1980*), How to Give Away Your Faith* [Cómo regalar su fe] (Downers Grove: InverVarsity Press, 1966).

[204] James Sire, *El universo de al lado*, Grand Rapids: Libros Desafío, 2006.

[205] Humberto Lagos Schuffeneger, *La máscara derrumbada; sociología de las sectas religiosas* (Santiago de Chile: Ediciones ChileAméria, 1996).

[206] Peter Jones, *The Gnostic Empire Strikes Back* [El imperio gnóstico ataca de nuevo] (Phillipsburg, NJ: P&R Publishing Co., 1992).

[207] Douglas R. Groothuis, *Unmasking the New Age* [La nueva era desenmascarada] (Downers Grove: InterVarsity Press, 1986).

[208] Edward J. Young, *Thy Word is Truth* [Tu Palabra es verdad] (Grand Rapids: Eerdmans, 1970).

[209] Gleason Archer, *A Survey of Old Testament Introduction*(Chicago: Moody Press,1970) Versión en Español: Reseña Crítica del Antiguo Testamento, 1974.

[210] Charles Colson, *Y ahora ¿cómo viviremos?* (Miami, Unilit: 1999).

[211] Lee Strobel, *The Case for Faith* [El caso a favor de la fe] (Grand Rapids: Zondervan, 2000).

de la publicación de la primera edición de este libro.[212] Veo en su enfoque mucha influencia de C.S. Lewis y Francis Schaeffer. Primero, demuestra las fallas en los argumentos comunes en contra del cristianismo, apuntado al hecho de que todos terminan contradiciéndose a sí mismos. Cita numerosos autores, especialmente C.S. Lewis, pero provee una defensa de la fe actualizada con muchas referencias a autores contemporáneos y explicaciones de la situación social de ahora. Después defiende la idea de que todos sabemos que Dios existe, utilizando especialmente el argumento moral. Dice, "si una premisa ('No existe Dios') te lleva a una conclusión que reconoces como errónea ('La cuestión de si es ético tirar bombas de napalm sobre los bebés es un asunto culturalmente relativo.'), entonces *¿por qué no cambiar la premisa?*"[213] Podemos vivir consecuentemente con el cristianismo, dice.

> Creo que el cristianismo hace más sentido de nuestras historias individuales y la historia del mundo. ...He estado argumentando que el enfoque cristiano acerca de nuestros orígenes, nuestros problemas, y la manera de resolverlos, tiene mayor capacidad para explicar lo que vemos y experimentamos que cualquier otro enfoque.[214]

Pido disculpa si he omitido a su apologista favorito. Pero ahora tenemos que proceder a otro tema, la búsqueda de una forma práctica de hacer la apologética. La pregunta que nos ocupa es, ¿cómo podemos poner en práctica lo que hemos estudiado hasta ahora?

---

[212] Timothy Keller, *The Reason for God; Belief in an Age of Skepticism* (New York: Riverhead Books, 2008). En español, *La razón de Dios* (Barcelona: Andamio, 2014).

[213] *Reason for God*, p. 162. Traducido por el autor.

[214] *Reason for God*, p. 222. Traducido por el autor.

DINÁMICA DE GRUPO

Pidan que una persona asuma el papel de un escéptico, y que dos personas asuman el papel de uno de los apologistas estudiado en este capítulo. Practiquen una posible conversación entre estas tres personas acerca del evangelio. Después, conversen acerca de cuál de los dos enfoques apologéticos era más efectivo.

PREGUNTAS DE REPASO

1. ¿Qué argumento de Agustín utiliza Geisler para responder al problema del mal?
2. Geisler dice que tal vez este mundo no sea el mejor posible, pero es el mejor _____ al mejor mundo.
3. ¿Cómo explica Geisler las imprecisiones en la Biblia con respecto a genealogías y números en general?
4. Explique el "trilema" de Josh McDowell.
5. Mencione tres ejemplos de profecías cumplidas relacionadas con el Mesías.
6. ¿Cuál es la posición de Henry Morris en cuanto a la edad de la tierra?
7. ¿Qué evidencia del diluvio hay en Siberia?
8. Según Morris, ¿cuál es el problema que enfrentan los evolucionistas en relación con el registro fósil?
9. ¿Cuál es el "elefante" en los laboratorios científicos?, según Antonio Cruz.
10. Explique el argumento de la complejidad irreducible que utiliza Antonio Cruz para refutar la evolución.
11. Explique el enfoque apologético de R. C. Sproul.
12. Explique el enfoque de apologética de John Frame.
13. ¿Cómo responde Frame al problema del mal?

Apologistas (2)

1. ¿Cuál de los apologistas estudiados en esta lección le ha ayudado más? ¿Por qué?
2. ¿Tiene usted alguna inquietud con respecto a los apologistas presentados en este capítulo? ¿Cuál?

7. UNA ESTRATEGIA SUGERIDA

Como se mencionó en el prefacio, las personas son como casas; todos tienen diferentes ventanas y puertas abiertas por donde podemos entrar con el evangelio. Me gustaría proponer una "apologética integral", donde utilicemos todas las formas de revelación y lo mejor de varias estrategias apologéticas, dependiendo de la persona y la situación. Mientras nuestra máxima autoridad sea la Palabra de Dios, podemos ofrecer una diversidad de evidencias y argumentos.

Nuestra meta es llevar al no creyente a Cristo. Para hacer esto, podemos usar tanto la revelación especial como la revelación general. Aunque la apologética es inseparable de la evangelización, no es exactamente lo mismo. Muchas veces simplemente explicamos el mensaje del evangelio; esto se llama *evangelización*. Pero nuestra tarea se convierte en *apologética* cuando la persona cuestiona el mensaje y nos desafía a defenderlo.

Revelación especial

Revelación general

LA REVELACIÓN ESPECIAL

Esta revelación comprende lo que Dios ha revelado en las Escrituras y en Cristo. En tanto la revelación general apunta a la existencia de Dios, a Su poder y ley moral, el enfoque de la revelación especial está en el mensaje de la salvación. Ahora tenemos la revelación especial en la Biblia.

A causa de su carácter verbal, la revelación especial es más precisa y menos susceptible a interpretaciones equivocadas. Dos personas que miran la misma puesta de sol podrían percibir mensajes opuestos; una podría pensar en la *paz*, la otra en la *muerte*. Por el contrario, si dos personas leen, "Abraham engendró a Isaac" (Mateo 1:2), sus interpretaciones no deberían ser muy distintas. Por lo tanto, la apologética debe siempre volver a las Escrituras. Además, no tenemos ninguna promesa de que Dios convertirá a alguien con una puesta del sol, pero sí tenemos la promesa de que el Espíritu Santo utilizará el mensaje verbal del evangelio para transformar los corazones.

> *Porque no me avergüenzo del evangelio, pues es el poder de Dios para la salvación de todo el que cree, del judío primeramente y también del griego.* (Romanos 1:16)

> *Desde la niñez has sabido las Sagradas Escrituras, las cuales te pueden dar la sabiduría que lleva a la salvación mediante la fe en Cristo Jesús.* (2 Timoteo 3:15)

Claramente, Pablo expresa una prioridad por la predicación del evangelio. Solamente el mensaje de la cruz puede romper la barrera del pecado.

Porque la palabra de la cruz es necedad para los que se pierden, pero para nosotros los salvos es poder de Dios.
...
Pues ya que en la sabiduría de Dios, el mundo no conoció a Dios por medio de su propia sabiduría, agradó a Dios mediante la necedad de la predicación salvar a los que creen. (1 Corintios 1:18, 21)

Porque nada me propuse saber entre ustedes excepto a Jesucristo, y Este crucificado. (1 Corintios 2:2)

Nuestro mensaje debe ser claro: Todos somos pecadores, y merecemos la condenación eterna. Dios envió a su Hijo a vivir una vida perfecta en nuestro lugar, y a recibir el castigo por nuestros pecados en la cruz. Jesús resucitó victorioso sobre el pecado, Satanás y la muerte, y volverá a establecer la forma eterna de Su reino. Debemos confiar en él como nuestro Señor y Salvador personal para recibir la vida eterna. Esta salvación es solo por gracia, solo mediante la fe, y solo en Jesús.

La revelación general

No obstante, en nuestra tarea apologética, también podemos utilizar cada aspecto de la revelación *general* para despejar el camino de obstáculos. Esta revelación es básicamente lo que Dios revela en la creación. Incluye la naturaleza y la historia, lo que sea que podamos investigar con nuestros cinco sentidos y nuestras mentes. Aunque los efectos de la Caída han dañado a la creación y a nuestra capacidad de interpretarla, todavía están claramente presentes las señales del Diseñador Divino. Cuando se hacen correctamente, los estudios científicos apuntan a Dios. Cuando se hace correctamente, la investigación histórica concuerda con los relatos bíblicos. El ser humano mismo es también parte de la revelación general, más aún es su culminación. Todos pueden aprender bastante de sí mismo, ya que son la imagen de Dios, con la capacidad de razonar, sentir, disfrutar, amar, luchar, y comunicarse. Aunque todos los efectos de la Caída han dañado la creación y nuestra capacidad para interpretarla, todos estos aspectos apuntan a Dios.

Historia
Naturaleza
Ser humano

Revelación general

ASPECTOS DEL HOMBRE A LOS CUALES PODEMOS APELAR

Tal como existen aspectos distintos en la revelación general, el hombre tiene varias capacidades para percibir esta revelación. Son diferentes aspectos a los cuales podemos apelar al defender el evangelio. Son como canales de televisión, y cada uno tiene la capacidad para recibir distintas señales. Recuerde también la analogía de una casa; hay varias ventanas y varias puertas.

Primero, Dios ha dotado al hombre con sus cinco sentidos para observar la creación. El contacto directo con la naturaleza nos revela la majestad de Dios (Salmo 19:1-3), tal como me sucedió cuando miraba las estrellas.

Segundo, nos ha dado también una mente con una capacidad para razonar e interpretar nuestras observaciones. Existe en nuestra mente un sentido innato de la lógica, una noción intuitiva que nos lleva a evitar las contradicciones. Nos parece obvio que, si "A" es verdad, la negación de "A" no puede ser verdad. Esto es un aspecto de la imagen de Dios en nosotros. Nuestra capacidad de razonar es un instrumento como una computadora, y la lógica es como el lenguaje computacional para programarla, las reglas para guiar su funcionamiento. Pablo "razonaba" con los judíos en las sinagogas y con la gente en el mercado (Hechos 17:17).

Tenemos también emociones de amor, odio, gozo y pesar, y la capacidad de percibir las emociones de los demás. A veces podemos apelar a estas emociones para ayudar a explicar el evangelio, o para ayudar a una persona a entregar su vida a Cristo. Por ejemplo, si una persona se siente sola, vacía, o desorientada, podemos animarle a aceptar al Señor como su mejor amigo, como su mayor fuente de gozo y satisfacción. Encontrará el propósito de su vida en Cristo. Mi suegra se acercó a Dios porque deseaba tener el gozo que veía en nuestra familia. Pablo escribe que el reino de Dios es un asunto de "justicia, paz y gozo en el Espíritu Santo" (Romanos 14:17). Además, aunque no es muy popular hablar de esto hoy en día, muchas personas han entregado su vida a Cristo porque tienen miedo de la condenación eterna. Jesús no se disculpó por advertir a la gente acerca del infierno. (Mateo 10:28; Lucas 12:5).

En cuarto lugar, todos tienen una voluntad a la cual podemos apelar. El no creyente tendrá que tomar una decisión en algún momento. Hasta que el Espíritu Santo obre en su corazón, el no creyente *no quiere* someterse a Dios (Romanos 3:11-2). Pero podemos darle motivos para querer ser cristiano. Jesús ofreció a la mujer samaritana "agua viva" que le dejaría satisfecha eternamente (Juan 4:10-14).

Con estos cuatro puntos, no hemos dado un análisis teológico completo de los aspectos del hombre; solamente queremos destacar estos aspectos que debemos considerar en la tarea apologética *integral*.

Note especialmente que la razón no es el único aspecto al cual podemos apelar. Además, es posible que nuestra capacidad de razonamiento no siempre funcione perfectamente. Por ejemplo, a veces nuestras emociones distorsionan nuestro razonamiento. Una vez estaba tan frustrado con una señora que estaba constantemente dándome instrucciones de cómo manejar desde el asiento atrás de mi vehículo, que mis emociones dominaron mi capacidad de tomar decisiones. Cuando me dijo dónde debería salir de la autopista (después de muchas instrucciones anteriores), aunque yo sabía que ella tenía razón, ¡seguí porfiadamente por el camino sin virar, solamente para no someterme a ella! Cuando al final salí de la autopista después de varios kilómetros, no pude creer lo que había hecho, y me costó quince minutos volver al camino correcto. La razón es un aspecto clave de la apologética, pero no es el único aspecto.

Debemos tomar en cuenta que, después de la Caída, la imagen de Dios está dañada, y *todas* las capacidades que permiten al hombre recibir la revelación divina están fuera de foco. Más aun, el aspecto *espiritual* del hombre está *muerto*. La Biblia dice que el hombre "natural" no puede entender o aceptar el mensaje sobrenatural.

> *Pero el hombre natural no acepta las cosas del Espíritu de Dios, porque para él son necedad; y no las puede entender, porque son cosas que se disciernen espiritualmente.* (1 Corintios 2:14)

El pecado es como una tormenta impide la recepción de televisión. Incluso, el hombre caído a veces utiliza las mismas herramientas que Dios le ha dado, para rechazar a su Creador. Por ejemplo, la razón puede ser utilizada para acercarse a Dios o para alejarse de Él, insistiendo que no es

164

"lógico" creer en Él, tal como una computadora puede ser utilizada para bien o para mal.

Siendo así la situación, ¿para qué evangelizar? ¿De qué sirve la apologética? La respuesta es que sabemos que Dios está operando en el mundo para reparar el daño ocasionado por la Caída. No sabemos exactamente cómo, cuándo, o en quién está operando (el Espíritu es como el viento, Juan 3.8), pero tenemos que evangelizar fielmente y confiar en Él para la obtención de los resultados. Al actuar en la mente y corazón de una persona, el Espíritu Santo destapa los canales de comunicación, remueve la nube negra, y la persona puede sintonizar la voz de Dios. De modo que la oración tiene un lugar vital en la apologética y en la evangelización. Siguiendo con la analogía de una casa con ventanas y puertas, tenemos que orar y buscar la entrada que el Espíritu haya provisto.

Finalmente, recuerde que Dios ha implantado en el corazón de cada persona dos puntos de contacto: un conocimiento de Su existencia (Romanos 1:18-25), y un sentido moral (Romanos 2:14-15). Debemos ayudar al no creyente a reconocer estas dos verdades fundamentales. Es posible que trate de negarlas, pero sabemos que están grabadas permanentemente en su corazón.

Apelar a:
1) Cinco sentidos
2) Razón
3) Emociones
4) Voluntad

Revelación especial

Historia
Naturaleza
Ser humano

Puntos de contacto:
1) Sabe que Dios existe.
2) Tiene sentido moral.

Revelación general

LA RESPUESTA CRISTIANA AL PROBLEMA DE LA INSEGURIDAD

Al defender la fe, tenemos que aferrarnos al concepto cristiano de la verdad. Solamente el enfoque cristiano del ser y de la verdad permite certeza. El cristianismo es el único sistema que no sea auto-destructivo. En primer lugar, la ontología cristiana no es monista, sino afirma que existen dos tipos de realidades: Dios y Su creación. De tal modo que el hombre no es simplemente una rueda de una máquina, un accidente, o una gota de agua en un río. Por el contrario, es la imagen de Dios, con emociones, libertad de pensamiento, y el uso de la razón. En segundo lugar, el concepto bíblico de la verdad no está centrado en el hombre, sino en Dios. El hombre no descubre la verdad solo, sino que *recibe* la verdad de Dios. Dios, quien conoce toda la verdad, es el creador de toda verdad, y gobierna todo, decide revelar la verdad a nosotros.

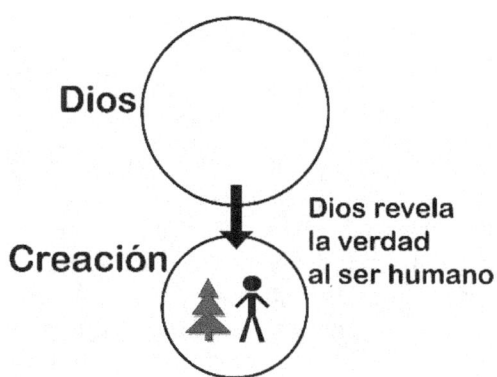

Dios ha revelado la verdad acerca de Sí mismo en la Biblia, y Él promete permitirnos conocer la verdad si le escuchamos y le creemos. No depende de nosotros sino de Él.

Pero cuando venga el Espíritu de verdad, él os guiará a toda la verdad. Juan 16.13

El proceso de conocer la verdad no es solo un proceso intelectual de aceptar las proposiciones correctas. Comprende además un aspecto moral, una actitud de someternos a Dios y Su autoridad. Por supuesto que debemos aceptar intelectualmente las afirmaciones que Dios nos presenta, pero también debemos estar dispuestos a someternos a Él y serle fieles. Alguien dijo que la verdad es como una mujer virtuosa que solamente se desviste en el contexto de una relación de matrimonio y fidelidad. Si no somos discípulos fieles, no aprenderemos la verdad.

... Si ustedes permanecen en Mi palabra, verdaderamente son Mis discípulos; y conocerán la verdad, y la verdad los hará libres. (Juan 8:31–32).

...Tu palabra es verdad. (Juan 17:17)

El temor del Señor es el principio de la sabiduría.
(Proverbios 1:7)

No obstante, después de hacer estas observaciones, en este mundo con mucha influencia postmoderna, es muy importante insistir que también hay una dimensión intelectual del conocimiento de la verdad. Muchos postmodernistas negarían que haya absolutos, negarían que haya un aspecto proposicional de la verdad (es decir, negarían que se pueda expresar la verdad en forma verbal y racional), y harían de la verdad algo totalmente subjetivo. Pero este enfoque está centrado en la persona misma, y elimina toda certeza. Deja a los no creyentes con un concepto de la verdad similar a la analogía de Nietzsche de las monedas "que han perdido sus imágenes, y ahora son solamente metal, y no monedas".[215] Un pedazo de metal no comunica un mensaje claro.

Cuando Pablo habla de la fe salvadora, incluye nuestro asentimiento a algunos hechos históricos importantes, y a su interpretación correcta. Estos son los aspectos de *notitia* (contenido) y *assensus* (asentimiento intelectual) de la fe, tal como explicaba Sproul. Para ser salvo, uno debe "recibir", "perseverar" y "retener" la doctrina de la muerte y resurrección de Cristo para el perdón de nuestros pecados.

Ahora les hago saber, hermanos, el evangelio que les prediqué, el cual también ustedes recibieron, en el cual también están firmes, por el cual también son salvos, si retienen la palabra que les prediqué, a no ser que hayan

---

[215] Friedrich Nietzsche, "Truth and the Extra-Moral Sense," en *The Portable Nietzsche*, ed. Walter Kaufmann (New York: Viking, 1968), pp. 46–47. Citado en Douglas Groothuis, *Truth Decay: Defending Christianity Against the Challenges of Postmodernism* (Downers Grove, IL: InterVarsity Press, 2000), p. 29.

creído en vano. Porque yo les entregué en primer lugar lo mismo que recibí: que Cristo murió por nuestros pecados, conforme a las Escrituras; que fue sepultado y que resucitó al tercer día, conforme a las Escrituras; que se apareció a Cefas y después a los doce. (1 Corintios 15:1–5).

Douglas Groothuis explica que la palabra hebrea para "verdad" (*'emet*) contiene los dos conceptos inseparables de "fidelidad" y "conformidad a los hechos". También insiste en que la palabra en griego *aletheia* usada frecuentemente para "verdad" tiene implicaciones similares.[216] Cita a Roger Nicole:

> El concepto bíblico de la verdad ('emet-aletheia) es una soga con hilos entretejidos... involucrando factualidad, fidelidad, y plenitud.[217]

Algunas personas podrían pensar que parece arrogante decir que sabemos la verdad, pero en realidad requiere humildad admitir que dependemos totalmente de Dios para saber algo. Además, sería una falta de fe, y ofendería a Dios, dudar de lo que Él ha dicho. Así comenzó la caída de Adán y Eva. Para mí, es como tener la seguridad de la salvación. Algunos lo consideran arrogante decir que tenemos esa seguridad, pero no lo es. En primer lugar, la salvación no es algo que merezcamos, sino algo que Jesús ha logrado por nosotros. No es arrogante declarar que hemos recibido un regalo. En segundo lugar, es bueno creer las promesas de Dios, y no malo. De una manera similar, decir que tenemos la seguridad de saber la verdad (no toda verdad, sino lo que

---

[216] Groothuis, *Truth Decay*, pp. 61–64.
[217] Roger Nicole, "The Biblical Concept of Truth" [El concepto bíblico de la verdad], en *Scripture and Truth*, ed. D. A. Carson y John W. Woodbridge (Grand Rapids: Zondervan, 1983) p. 296, citado en Groothuis, *Truth Decay*, p. 64.

Dios nos ha revelado) básicamente significa que confiamos en la Palabra de Dios. Esto no debe ser considerado arrogante.

CÓMO MOSTRAR LAS INCONSECUENCIAS DEL NO CREYENTE

La apologética comprende aspectos tanto defensivos como ofensivos. No solo proporcionamos respuestas, sino también desafiamos al no creyente a considerar las inconsecuencias de su posición. Recuerde que Proverbios 26:4-5 nos enseña que a veces debemos evitar contestar al necio de acuerdo con su necedad, para no ser como él (es decir, no aceptar sus presuposiciones), y que veces debemos contestar al necio de acuerdo con su necedad (asumir sus presuposiciones por el momento para mostrarle sus errores). El no creyente es un "hijo pródigo", un "John Nash" inseguro y confundido.

Al defender la fe, podemos preguntar al no creyente por qué cree lo que cree. Cuando expone sus razones, por ejemplo que se puede probar científicamente, podemos preguntar por qué cree en la ciencia. Luego continuamos con este proceso hasta su respuesta última. Esto no es un juego. Hay que hacerlo con mucho amor y respeto, porque para él no es fácil enfrentar sus inseguridades. No queremos perder la oportunidad de presentarle el evangelio.

¿Hasta dónde llega el no creyente? ¿Cuál será su respuesta final? Tendrá que retroceder exactamente hasta el argumento que no puede defender. Si no es creyente de otra religión, en que acepta una fuente externa de la verdad autoritaria, su respuesta final será básicamente que lo cree simplemente porque la parece bien. De alguna manera, se hace el juez de la verdad y de la moralidad.

Este enfoque elimina seguridad para el no creyente. Él sabe que no sabe todo y sable que no puede determinar la verdad por sí mismo. Además, Dios ha revelado a todos su propia existencia y un sentido de bien y mal, y no puede vivir consecuentemente con ningún enfoque que no esté de acuerdo con eso.

La alternativa cristiana es aceptar que Dios es el juez y la fuente de toda verdad, también el juez y la fuente del bien y mal. Si nos empujan hasta la respuesta final acerca de por qué creemos lo que creemos, debemos decir, "porque Dios lo dice." Es verdad porque DIOS LO DICE. ¿Cómo sé que Dios lo dice? Porque DIOS LO HA REVELADO. No puedo retroceder más. No existe nada que pueda poner sobre Dios. Si apelara a una autoridad sobre Él, estaría contradiciendo mi propio enfoque de vida y destruyendo el fundamento que me sustenta.

Si el no creyente nos acusa de apelar a nuestra propia interpretación de lo que Dios dice, si piensa que al final estamos apelando a nuestra propia mente, debemos pedirle que se ponga en contacto directo con la Palabra de Dios. Es decir, debe leerla por sí mismo. Tenemos que admitir que nuestra comprensión es falible, pero no significa que nuestra fuente sea falible.

Ahora tenemos una base para entender tanto la debilidad de la posición no-cristiana como la fuerza de la posición cristiana. También hemos visto los distintos aspectos de la revelación y los distintos aspectos del hombre a los cuales podemos apelar con el mensaje del evangelio. Finalmente, hemos destacado el hecho de que el poder para abrir la mente y el corazón del no-creyente viene del Espíritu Santo operando con el evangelio.

LA ESTRATEGIA "DEFENSA"

Cada persona es única, y no quisiera estimular algún tipo de argumentación mecánica o forzada. Sin embargo, me gustaría sugerir algunos aspectos del diálogo que deberíamos tomar en cuenta. Estos podrían hacer en otro orden, o algunos de estos pasos podrían ser innecesarios. Todo depende de cómo va la conversación. Por lo demás, estos puntos podrían ser abordados en un plazo de tiempo prolongado y en una serie de ocasiones.

1. *Desarrolle interés por la persona.*

Haga preguntas que le permitan conocer al no creyente. Averigüe de su familia, de sus intereses, de su trasfondo religioso. A la mayoría le gusta hablar de sí misma. No obstante, tenga cuidado de no entrometerse en asuntos privados o sensibles. No provoque incomodidad. Debe interesarse sinceramente por la persona, no simplemente tratar de "convertirla". La gente siempre capta la falta de sinceridad. Recuerde que las personas son la imagen de Dios; como consecuencia son fascinantes y dignas de nuestro mayor amor y respeto.

2. *Explique su propia fe.*

Comparta su testimonio. Trate de encontrar una transición natural para hablar de su propia vida, familia, y experiencia religiosa. Normalmente la gente hace preguntas, pero en el caso de que no aborden temas espirituales, usted tendrá que traerlos a colación. No dé por sentado que la persona es un incrédulo. Más aun, sería mejor hablar dejando pensar que esta persona sí tiene interés en los asuntos espirituales. Mi esposa, María Angélica, me ayudó con esto. Ella se dio cuenta de que inconscientemente los pastores tendemos a levantar barreras innecesarias al dejar entrever que suponemos que las personas no son cristianas. En América Latina, la mayoría se considera cristiana, y al tratar a alguien como si no lo fuera, lo ofendemos. Si la persona resulta ser cristiana, ¡qué bueno! Si realmente la persona no es cristiana, tratarla como cristiana no representará ningún problema, de hecho, nos permitirá hablar naturalmente de los temas espirituales. Por ejemplo, si usted comparte con alguien acerca de su relación personal con el Señor, esta persona se dará cuenta de que esta relación le hace falta. Si usted habla acerca de la oración y la Biblia, el no creyente se dará cuenta de que está perdiendo algo de mucho valor y profundidad.

Nuestro testimonio debe ser más que palabras. Nuestra tarea apologética incluye romper barreras con el amor y atraer a personas con el gozo. Pero debemos tener cuidado aquí. Nuestro amor debe ser sincero y no fingido. El no creyente está observando con mucho interés, y detecta fácilmente cualquier hipocresía. No debemos tener que esforzarnos demasiado en esto; debe ser natural. Y debemos evitar mostrar lo "santos" que somos. El no creyente también está esperando ver esta actitud farisaica, y francamente muchas veces proyectamos esto sin darnos cuenta. Creo que el legalismo y la arrogancia son dos de los factores más dañinos para el evangelio, que hacen que los no creyentes huyan de nosotros lo más lejos posible. También creo que, al contrario, el amor y el gozo verdaderos son factores que ablandan a los corazones más duros. Philip Yancey dice, "Los evangélicos son ciudadanos responsables, que muchas personas apreciarán como vecinos, pero en realidad no quieren pasar tiempo con ellos."[218] Me gustaría pensar que está equivocado, pero temo que frecuentemente es así. Pero tenemos que cambiar esto. Antes de comenzar nuestro último proyecto de plantar una nueva iglesia en Chile, hablamos con algunos amigos que habían tenido una experiencia exitosa de plantar una iglesia en California. Nunca olvidamos su consejo sencillo y práctico: "La gente tiene que *conocerte*, tiene que *quererte*, y tiene que *confiar en ti*."

3. *Formule las respuestas.*

Es probable que en esta etapa la persona comience a hacer preguntas. Podría expresar sus dudas o sus críticas

---

[218] Philip Yancey, *Soul Survivor: How My Faith Survived the Church* (New York: Doubleday, 2001), p. 57.

acerca de la fe cristiana. Acepte con humildad sus comentarios y sus preguntas. No tenemos por qué pretender que conocemos todas las respuestas, pero debemos hacer nuestro mejor intento por resolver las dudas. Si alguna persona se muestra resentida o enojada con Dios, no lo tome como una afrenta personal. En los próximos capítulos veremos varios ejemplos de esto.

4. *Exponga las presuposiciones del no creyente.*

Ahora le corresponde a usted hacerle preguntas al no creyente. Pregunte especialmente por qué la persona cree lo que cree. Siga preguntando hasta llegar a sus convicciones más fundamentales. Por ejemplo, podría creer en la evolución. Cuando le pregunta por qué, probablemente ofrecerá evidencia científica. Pregunte por qué cree en la evidencia científica. Al final, tendrá que revelar su punto de partida.

Esto tendrá que ser una de dos cosas: se somete a una autoridad externa o confía en su propia mente. La mayoría de las personas caerá en la segunda categoría, a menos que sean seguidores de alguna otra religión. Si confía en su propia mente, piensa que la verdad comienza dentro de su propia mente (subjetivo) o piensa que comienza fuera de él (objetivo). En cualquiera de estos dos casos, él es el juez último de la verdad. Si es posible, intente que la persona reconozca esto.

Es probable que este proceso haga que la persona se sienta incómoda. Le está quitando sus protecciones, y obligándole a ser vulnerable y exponer sus convicciones más profundas. Además, estas convicciones probablemente han permanecido prácticamente inconscientes hasta ahora, y puede resultar extremadamente desconcertante afrontarlas. Sea amable, pero ayúdelo a comprender su propia epistemología.

5. *Note las inconsecuencias del enfoque no cristiano.*

Lleve al no creyente a las inconsecuencias de su posición, pero sin mostrar arrogancia o falta de respeto. Nadie quiere sentirse humillado. Si no mostramos amor y humildad, no importará si nuestros argumentos sean sólidos o no; la persona ya no escuchará. Con esto en mente, permita suponer por un momento que sus postulados sean válidos. ¿Qué resultaría de aquello? Muéstrele que llevaría a una contradicción. Por ejemplo, si cree en la evolución, sus pensamientos no tendrían más sentido que el color de su pelo. Usted se comportará como un médico que descubre la enfermedad del paciente. Recuerde que a nadie le gusta escuchar que está enfermo. Usted será como la esposa de John Nash, quien ayudaba a observar el hecho de que el mundo que él imaginaba no era real.

6. *Señale a Cristo.*

Sería cruel exponer las contradicciones del no creyente y dejarlo sin soluciones ni esperanza. Tiene que saber que Jesús murió y resucitó para ofrecerle la vida eterna. Su falta de fe en Él no es neutral; él está *rechazando* a su Creador. Recuérdele la opción que tomaron Adán y Eva, y muéstrele respetuosamente cómo es que él también está cuestionando a Dios en forma ilegítima. La buena noticia es que existe el perdón y la restauración. Él puede ser reconciliado con Dios a través de Cristo. Él puede comenzar una nueva vida poniendo las cosas en su correcta perspectiva. El tren puede volver a sus rieles. Su planeta puede volver al lugar que le corresponde en el sistema solar. Puede nacer de nuevo y someter su mente y su corazón al Señor. Charles Spurgeon dijo que antes de entender el evangelio, su mente era un "gran caos confundido", pero que después de ser cristiano, tenía "un estante en mi cabeza para poner todo donde corresponde", y agregó, "Cuando descubrí a Cristo, y a Él crucificado, había encontrado el centro del sistema, y podía ver todas las demás ciencias en su orden correcto."[219]

Recuerde el acróstico: "DEFENSA":
D esarrollar interés en la persona
E xplicar la fe propia
F ormular respuestas
E xponer sus presuposiciones
N otar las inconsecuencias de su posición
S eñalar
A Cristo

Hagamos un repaso de los puntos principales del enfoque apologético del libro:

PRINCIPIOS PARA LA APOLOGÉTICA

1) Dios ha hecho al hombre a Su imagen, le ha revelado Su existencia, y le ha revelado Su ley moral.
(Génesis 1, Romanos 1-2)

2) Pero el no creyente ha rechazado a Dios y Su revelación, y pretende ser independiente de Dios.
(Génesis 3, Romanos 1-3)

3) Este rechazo de Dios y Su Palabra inevitablemente resulta en que el no creyente no pueda estar seguro de lo que cree y no pueda vivir en armonía con el mundo que le rodea.

4) La única manera de estar seguro de la verdad y vivir en armonía con el mundo es volver a Dios, creer en Cristo, y someterse a la revelación de Dios como su fuente de verdad y moralidad.

---

[219] C. H. Spurgeon, *Autobiography*, Vol. I, *The Early Years* (Edinburgh: Banner of Truth Trust, 1973), p. 108.

DINÁMICA DE GRUPO

Pidan que dos personas practiquen un diálogo entre un ateo y un cristiano. El cristiano debe tratar de usar el método "DEFENSA" explicado en este capítulo. Después, conversen acerca de cómo el cristiano podría mejorar su apologética.

PREGUNTAS DE REPASO

1. ¿Qué significa un "enfoque integral" de apologética?
2. ¿Cuál es la diferencia entre la revelación "general" y la revelación "especial"?
3. ¿Por qué debe tener la prioridad la revelación especial en la apologética?
4. Mencione tres aspectos de la revelación general que constituyen fuentes de evidencia para la apologética.
5. Mencione cuatro aspectos del hombre, a los cuales podemos apelar en la apologética.
6. Mencione los dos "puntos de contacto" que Dios ha implantado en el corazón de cada persona.
7. ¿Cuál es la respuesta cristiana al problema de la inseguridad epistemológica?
8. ¿En qué sentido es el proceso de conocer la verdad más que simplemente un proceso intelectual?
9. ¿Por qué es importante insistir que hay una dimensión intelectual en el conocimiento de la verdad?
10. ¿En qué sentido la apologética debe ser "ofensiva" también?
11. Nombre y describa con una frase los pasos de la estrategia "DEFENSA" de la apologética.
12. Haga un breve resumen de los puntos principales del enfoque apologético del libro.

PREGUNTAS PARA REFLEXIÓN

1. ¿Este capítulo le ayudó a entender lo que significa "conocer la verdad" en el sentido bíblico? ¿En qué maneras?

2. ¿Está de acuerdo con la explicación de cómo la perspectiva del no-creyente acerca de la verdad produce inseguridad? ¿Y de la explicación de la respuesta cristiana?

3. ¿Qué opina de la estrategia apologética sugerida en este capítulo? ¿Hay algún aspecto que no entiende? ¿Hay algún aspecto nuevo que agregaría usted? ¿Piensa que podría practicar esta estrategia?

8. LAS PREGUNTAS DE DIOS Y LA BIBLIA

Veremos ahora cómo manejar las preguntas clave planteadas en el primer capítulo, usando las pautas de la estrategia "DEFENSA". En este capítulo, examinaremos las dos primeras preguntas, sobre la existencia de Dios y la veracidad de la Biblia.

PREGUNTA #1: ¿CÓMO SABES QUE DIOS EXISTE?

Desarrollar interés
En las primeras etapas de la conversación, debería tratar de captar algo del trasfondo espiritual de su amigo, especialmente si él cree en Dios. Sea sensible acerca de alguna posible tragedia que le haya causado un sentido de rechazo hacia Dios. Recuerde también que un problema serio en su relación con sus padres podría haber producido un obstáculo para relacionarse con Dios como su Padre celestial.

No se olvide que, hasta que el Espíritu Santo transforme su corazón, el no creyente resiste someterse a Cristo. Una joven universitaria me contó de una amiga que, aunque era hija de pastor, empezó a negar a Dios durante su primer año de la universidad. (¡La pesadilla de cada padre cristiano!) Empezó a usar drogas y tener relaciones sexuales con varios hombres. Le pregunté a esta joven qué pensaba ella que sucedió primero con su amiga, su nuevo estilo de vida, o su falta de fe en Dios. Me dijo que su nuevo estilo de vida había sido primero. Sospecho que su amiga sentía que su fe en Dios limitaba su libertad, y que era más conveniente negarlo. Vemos en este ejemplo que el problema del no creyente no es solamente intelectual, sino espiritual y moral. Además, vemos que nuestro testimonio de vida es importante; los no creyentes tienen que ver nuestro gozo especialmente. La verdadera libertad y la verdadera felicidad se encuentran en nuestra relación con Cristo, y en una vida que le agrada a Él. Estoy seguro de que la amiga de esta joven no está realmente más feliz ahora, y espero que vuelva al Señor pronto, antes de hacerse más daño. Aquí vemos de nuevo que la oración es un aspecto fundamental de la apologética.

Explicar la fe propia

Explique cómo fue que llegó usted a creer en Dios. Esto probablemente será la cosa más importante que puede decir a su amigo.

Formular las respuestas

Primero, podemos pedirle que mire dentro de sí mismo para ver si tiene un instinto de la existencia de Dios. La Biblia enseña que Dios se ha revelado a todos (Romanos 1.18-25). Cada uno tiene un "altar al Dios no conocido" en su corazón (Hechos 17). El problema es que los no creyentes reprimen esta verdad (Romanos 1.18-23).

Hace algunos años estaba en México enseñando un curso de apologética. Uno de los alumnos me invitó a acompañarlo para visitar un amigo, con quien había estado compartiendo el evangelio. Decidí que debería practicar lo que estaba predicando, así que una noche fuimos a la casa de su amigo. Al conversar del evangelio, el hombre repitió varias veces, "Me gustaría creer, pero no puedo." Cuando le pregunté por qué no podía, me dijo, "No sé. Simplemente no puedo." Después de más de una hora de conversación, volvimos al seminario. En el camino, le expresé al alumno que yo no aceptaba la explicación de que quería creer pero que simplemente no podía. Si alguien *quiere* creer, *puede* creer. Dije al alumno, "No conozco al hombre, pero sospecho que hay algo en su vida que no quiere dejar."

En segundo lugar, podemos usar los argumentos cosmológico y teleológico. ¿Cómo llegó a existir todo? No pudo haber existido desde siempre. Si hubiese sido así, según las leyes de la termodinámica ya todo habría acabado. ¿Cómo pueden organismos tan complejos como el cuerpo humano ser el resultado del azar? Piense en el agua, casi el único elemento que se expande al congelarse. Si no tuviera esa cualidad, el hielo se hundiría en los lagos, y todo allí moriría. Piense en el equilibrio de fuerzas que mantiene a los planetas en sus órbitas. Recuerde el átomo mismo, el cual constituye un pequeño universo con un equilibrio parecido al sistema de los planetas. Piense en la naturaleza no-física del ser humano. ¿De dónde provienen emociones humanas como el amor y el gozo? ¿Qué de su creatividad, su capacidad para razonar, y su aprecio por la belleza? Estas características apuntan a un diseñador inteligente. La creación completa tiene las huellas de Dios.

Alister McGrath, un conocido teólogo cristiano, es uno de muchos ateos que han llegado a creer en Dios a través del estudio de la ciencia.[220] Una mirada cercana a la bioquímica fue un factor clave en la conversión de Sy Garte, otro autor reconocido. (Tiene su PhD. en bioquímica. Ha sido profesor en *New York University*, *University of Pittsburgh*, y *Rutgers University*.)[221] Como citamos anteriormente, Antonio Cruz llama al diseño inteligente el "elefante en los laboratorios científicos".[222] Werner Heisenberg, ganador del Premio Nobel de Física, famoso por su papel en el descubrimiento de la

---

[220] Vea su testimonio en YouTube:
<https://youtu.be/Hp6SuVaxuJ0?si=Dh-QEH1QehAE9H_K> (4 de marzo, 2024)

[221] <https://youtu.be/OMBQwGzn_TE?si=iZTbUIBGw2uquEBA> (4 de marzo, 2024)

[222] Antonio Cruz, *¿La ciencia encuentra a Dios?*, p. 219.

mecánica cuántica, dijo: "El primer trago del vaso de las ciencias naturales te convertirá en ateo, pero en el fondo del vaso, Dios está esperándote."[223]

Sólo recuerde que se necesita más que creer en un "diseñador inteligente" sin características personales para convertirse en cristiano. Los testimonios de personas como Alister McGrath y Sy Garte incluyen otros factores más allá de la evidencia científica que los llevó a Cristo. Además, mientras el Espíritu Santo no haya comenzado a operar en un no creyente, su mente mantendrá la tendencia a rechazar nuestros argumentos y la evidencia. Hay que seguir orando.

Finalmente, podemos explicar que cualquier "prueba" tiende a validar algún criterio por sobre Dios. Aunque los argumentos pueden ayudar a despejar dudas, no deben ser considerados nuestra máxima "prueba". Dios se ha revelado a Sí mismo en la creación, en nuestros corazones, y en las Escrituras; no necesita que nosotros probemos que Él existe. Si usamos la lógica para probarlo, validamos la lógica por sobre Dios. Si apelamos en primer lugar a la ciencia, entonces la ciencia tiene más autoridad que Dios. Tratar de "probar" su existencia equivale a actuar como el hombre loco de Nietzsche que buscaba a Dios con una linterna.[224]

En lugar de continuar con más "argumentos", podría recomendarle a su amigo que dé un paseo en la noche para contemplar las estrellas o que se acerque de alguna manera a la naturaleza. Podría ver las montañas, observar las nubes flotando en el cielo, ir a la orilla del mar a observar las olas o contemplar una puesta de sol. Sobre todo, pídale que lea la Biblia. Necesita tener su propia experiencia personal con

---

[223] Dan Peterson, "Werner Heisenberg On Religion," <https://www.patheos.com/blogs/danpeterson/2019/11/werner-heisenberg-on-religion.html> (4 de marzo, 2024)
[224] Friedrich Nietzsche, *The Gay Science*, 119–20.

Dios, tal como el apóstol Pablo tuvo que ver una luz brillante del cielo y ser botado al suelo.

Durante un verano, yo era consejero en un campamento cristiano en las montañas de Pennsylvania. Una noche, después del último servicio evangelístico alrededor de la fogata, un joven se acercó para hablar conmigo. Su padre era pastor, y él era el presidente del grupo de jóvenes en su iglesia. Pero me confesó que ya no creía en Dios. Yo no tenía palabras para él, porque él sabía todo lo que le podía decir. Recordando mi propia experiencia mirando las estrellas, le recomendé que saliera a caminar, mirando el cielo para ver si no sentía la presencia de Dios. Al día siguiente, antes de volver a su casa, me dio las gracias y me dijo que había tenido un encuentro personal con el Señor.

No olvidemos que Dios puede hacer algo especial, para llamar la atención del amigo y mostrar Su presencia. Durante un verano cuando trabajaba con un grupo de amigos, evangelizando en una zona turística en la playa, vimos la mano de Dios en maneras especiales. Invitábamos a los jóvenes a conversar en las noches, después de que todos los lugares de entretenciones y los restaurantes habían cerrado. Una noche, estábamos sentados en un círculo conversando, cuando un joven expresó que no creía en Dios. Desafío a Dios diciendo, "Si Dios existe, ¡que me muestre ahora, que haga un milagro!" En ese momento, ¡su silla colapsó debajo de él y cayó al suelo!

Exponer las presuposiciones

Esto es especialmente importante para alguien que está resistiendo. Pregúntele lo que cree, y ¿por qué?, ¿por qué?, ¿por qué...hasta llegar a su última respuesta. Si es honesto, admitirá que básicamente decide por sí mismo lo que es verdad. Pregunte, ¿qué le convencería de que Dios existe? La respuesta revelará sus presuposiciones. La mayoría vacilará al contestar esta pregunta, porque les deja vulnerables a ser convencidos. Sin embargo, algunos contestarán, por ejemplo, que creerían en Dios si contestara sus oraciones, o si hiciera un milagro. Si contestan así, pregunte cómo sabrían que Dios había escuchado sus oraciones, o si Dios había hecho un milagro. Explique que Dios no es un "abuelito" que da todo lo que le pedimos en el momento en que lo queremos. Cuéntele lo que Jesús enseñó en la parábola del hombre rico y Lázaro: "Si no escuchan a Moisés y a los profetas, tampoco se persuadirán si alguien se levanta de entre los muertos." Había personas que vieron a Jesús realizar milagros y todavía no creían. Es posible que él haya fijado exigencias imposibles, o que haya rechazado la evidencia antes de examinarla objetivamente.

Notar las inconsecuencias

Como hemos visto en todo este libro, si su amigo no reconoce la existencia de Dios, no podrá vivir coherentemente con su cosmovisión. Toda la creación apunta a Dios. Él sabe que no puede explicar las maravillas del universo, con su belleza y sus leyes físicas perfectamente afinadas, sin reconocer a un diseñador inteligente. Sabe que no puede explicar sus propias características, como sus emociones, su sentido del bien y del mal y su capacidad para razonar, comunicarse y tomar decisiones, sin reconocer un origen sobrenatural. Sin embargo, continúa intentándolo.

Además, podría contradecirse de maneras más obvias, como afirmar que no se puede estar seguro de nada o que es malo decirles a otras personas lo que es bueno o malo. Podría *comunicarle* que cree que una comunicación significativa no es posible. Podría decir que no confía en la ciencia, mientras apela a la teoría de la evolución para refutar la existencia de Dios. Puede mostrarle esto "con mansedumbre y reverencia" (1 Pedro 3:15).

Puede mostrarle los problemas más profundos y complejos que resulta de negar la existencia de un Dios y

Creador personal. Tal como lo hemos explicado, esto lleva a creer que el universo está cerrado e impersonal, que implica que sus propios pensamientos no tienen sentido. Sus pensamientos serían "accidentes", el resultado de un movimiento impersonal de átomos. Al negar a Dios, uno se encierra en una caja y pierde su cerebro, tal como le ocurre al hombre pintado en el cuadro de Francis Bacon. Esto implica además la pérdida de la moralidad y dignidad humana. ¿Qué explicación tendrían el amor, el gozo, y la conciencia del bien y del mal?

Haga ver a su amigo que está tratando de ejercer el rol de juez o fuente de verdad, sabiendo que realmente este rol no le corresponde. Si piensa que él es el juez de la verdad y que la verdad viene desde afuera de su mente, pregúntele algo que no puede saber, como "¿cuántas estrellas existen en todos los universos?" Probablemente admitirá que no sabe. Usted podrá señalar que del mismo modo existen muchas otras cosas que no sabe. Consecuentemente, ¿cómo puede estar seguro de que Dios no existe? Más aun, ¿cómo puede estar seguro de cualquier otra cosa? ¿Cómo puede estar seguro de que mañana no aprenderá algo que eche por tierra lo que cree hoy? Si cree que puede determinar la verdad por medio de razonar dentro de su propia mente, puede recordarle que no puede cambiar las cosas simplemente pensando. Por ejemplo, no puede reorganizar los muebles de la habitación sólo con pensar.

Al negar a Dios, el no-creyente está rechazando aquella conciencia interior de la existencia de Dios y aquella conciencia de ley moral que permanece grabada en su corazón. Él es como el hijo pródigo que ha dejado a su padre.

S A Señalar a Cristo

El propósito de la apologética es llevar a las personas a Cristo. Si su amigo quiere saber cómo es realmente Dios, debería mirar a Jesús (Hebreos 1:1-3, Juan 1:1-18). Él es misericordioso y amoroso. Él es la Palabra de Dios, el camino, la verdad y la vida (Juan 14:6).

Si reconoce que no está viviendo su vida para Dios, las buenas noticias son que Jesús murió en la cruz para perdonarnos. Todos comenzamos con una visión egocéntrica de la vida. Es como tener una visión del universo centrada en la tierra, cuando en realidad el sol es el centro. Necesita experimentar una "revolución copernicana" y reconocer que Dios es su centro. Todos nosotros somos culpables de negar a Dios, tal como lo hizo Adán. Nuestro problema fundamental es espiritual y moral, no intelectual. Sólo necesita pedirle a Jesús el perdón y una vida nueva.

Piense en la mejor ilustración del evangelio que pueda usar para explicarle la salvación a su amigo. Me gusta un folleto evangelístico llamado "Los dos hermanos". Habla de un asesino que es condenado a muerte. Su hermano, que era muy buena persona, lo quiso tanto que se vistió con su ropa y fue a morir en su lugar. Dejó su propia ropa con una nota que decía: "Mi querido hermano, hoy tomé tu lugar porque te amo. Sólo te pido una cosa: que te pongas mi ropa y que vivas como yo estaba viviendo".

PREGUNTA #2: ¿CÓMO SABES QUE LA BIBLIA ES LA VERDAD?

Esta pregunta es fundamental para nuestra fe cristiana. Si la Biblia no fuera verídica, perderíamos nuestra fuente de la verdad. Al dialogar sobre este tema, no se olvide de los pasos iniciales de la apologética.

Desarrollar interés

Pregunte si conoce la Biblia bastante bien. Tenga cuidado de no hacerle sentirse ignorante en el caso de que no la hubiera leído mucho.

Explicar la fe propia

Comparta con su amigo cómo es que usted llegó a interesarse y creer en la Biblia.

Formular respuestas

Posiblemente la persona cuestione la Biblia, diciendo que contiene errores, que fue escrita por seres humanos hace mucho tiempo, o algo así. Para contestar, conviene explicar primero lo que la Biblia dice de sí misma. Lea 2 Timoteo 3:6-17 y 2 Pedro 1:21 para mostrar que los autores del Nuevo Testamento consideraron el Antiguo Testamento las "escrituras" inspiradas. Jesús consideró al Antiguo Testamento la Palabra de Dios (Mateo 5:18, Juan 10:35), y prometió que el Espíritu Santo guiaría a los que después escribieron el Nuevo Testamento (Juan 14:25-26).

No podemos esperar que Jesús confirmara los documentos del Nuevo Testamento, porque fueron escritos después de Su muerte. Sin embargo, hay comentarios dentro del Nuevo Testamento mismo que indican que consideraban algunos documentos del Nuevo Testamento la Palabra de Dios. Pedro habla de las cartas de Pablo como "Escrituras", término usado para los escritos autoritativos, normalmente el Antiguo Testamento (2 Pedro 3:15-16). Pablo cita dos pasajes, llamándolos "Escritura" en 1 Timoteo 5:18, y uno es del Nuevo Testamento.

Porque la Escritura dice: "No pondrás bozal al buey que trilla", y: "el obrero es digno de su salario."

La segunda frase, "el obrero es digno de su salario", es una cita de Lucas 10:7. Aunque hay otros pasajes que incluyen ideas similares, el único pasaje que contiene las mismas palabras exactas es Lucas 10:7.

En cuanto al canon (la lista oficial de libros incluidos en la Biblia), es un asunto complejo que requiere un estudio detallado. Por el momento, es suficiente decir que, aunque no fue aprobado oficialmente por un concilio hasta después de Cristo, siglos antes de Cristo, los judíos consideraban que el Antiguo Testamento estaba completo y usaban los mismos libros que tenemos en nuestras Biblias hoy. En cuanto al Nuevo Testamento, aunque demoró varios siglos hasta que los líderes de la Iglesia llegaran a un acuerdo oficial acerca de su contenido, temprano en la época post-apostólica, había un consenso acerca de cuáles libros eran canónicos. Confiamos que el Espíritu Santo guió el proceso para reconocer los escritos inspirados, y que continúa guiando a Su pueblo para reconocer Su voz en Su Palabra.

También podemos mencionar que es impactante ver algunas profecías cumplidas, como son las relacionadas con Jesús mencionadas por Josh McDowell.

Nacería de una virgen (Isaías 7:14).
Nacería en Belén (Miqueas 5:2).
Entraría a Jerusalén montado sobre un asno
(Zacarías 9:9).
Sería herido por nuestros pecados, pero no se
defendería (Isaías 53:4-7).

El ejemplo de la destrucción de Tiro también puede ayudar, ya que la historia secular la confirma (Ezequías 26).

También existen otras evidencias arqueológicas que apoyan los datos bíblicos. Aunque durante los últimos siglos, arqueólogos seculares han cuestionado ciertos datos bíblicos, como la existencia del rey David y la ciudad de Jericó, cuanta más evidencia se descubre, más se confirma la autenticidad de la Biblia. Por ejemplo, se han encontrado inscripciones en piedra que se refieren a David[225] y se han encontrado las ruinas de Jericó.[226] Una edición especial reciente de la revista *U. S. News & World Report* menciona que los arqueólogos han ubicado el pueblo de Nazaret, y han descubierto más evidencia histórica de Jesús, Poncio Pilato, y el sumo sacerdote Caifás.

> No solamente existe mucha más información hoy acerca de los lugares que frecuentaba Jesús, sino también hay descubrimientos específicos que parecen confirmar los pocos detalles que tenemos acerca de la niñez de Jesús, su ministerio, y su muerte horrible.[227]

La Biblia nos proporciona un conjunto de verdades que están en armonía con el mundo en que vivimos. Nos explica el origen del universo, el origen del mal, y la solución para el mal. Describe al hombre en toda su complejidad, y da consejos sabios para vivir en armonía con nuestro prójimo. Podemos utilizar la ilustración de Francis Schaeffer acerca del libro roto y las páginas sueltas (cap. 5).

G. K. Chesterton también tiene una ilustración que demuestra cómo la Biblia nos ayuda a entender nuestro mundo. Lo he modificado un poco aquí: Imagine que usted despertara con amnesia, tirado en la playa de una isla abandonada, y que encontrara recuerdos de otro lugar (joyas, libros, fotografías, monedas, y ropa fina.) Usted trataría de reconstruir el pasado para descubrir lo que había sucedido. Si uno de los libros fuera el diario del capitán de un barco,

---

[225] <http://www.uhcg.org/news/is-bible-true.html> (31 de agosto, 2005)
[226] Vea: <http://www.crystalinks.com/jericho.html> y http://biblicalstudies.qldwide.net.au/cs-walls_of_jericho.html
[227] Amy D. Bernstein, "Decoding Christianity," *U. S. News & World Report, Collectors Edition, Mysteries of Faith: Secrets of Christianity* (2007), p. 9.

probablemente lo leería inmediatamente. Concluiría que ha venido de un mundo avanzado y que ha naufragado. Esta es la situación del hombre: vivimos en un mundo naufragado, y la Biblia explica la historia. Cuando la leemos, entendemos los restos que apuntan a otro mundo mejor. Incluso, la Biblia nos explica cómo llegar al lugar donde pertenecemos.[228]

Nuestro amigo podría preguntar acerca de pasajes específicos que parecen contener errores o contradicciones. No se sienta obligado a explicar todo de inmediato. Quizás necesite estudiar el pasaje más detenidamente antes de dar una respuesta. Es posible que necesite buscar a alguien que le ayude, o incluso que tenga que admitir que aún no está seguro cuál es la mejor explicación. Si puede, ofrezca algunas opciones posibles.

Algunas de las inquietudes más comunes están relacionadas con supuestas contradicciones en los evangelios. Muchas de estas supuestas contradicciones desaparecen con sólo recordar sencillamente que los distintos autores no informaron de los mismos detalles. Cada autor tenía un propósito distinto y destacó diferentes aspectos del mismo evento.

Además, en lo que se refiere a genealogías y números, Geisler ha mostrado que los autores de aquella época no pretendían presentar listados completos en sus genealogías, y frecuentemente redondeaban los números y fechas. Lo que hoy puede parecernos impreciso no son "errores".

En cierta ocasión en que yo daba una clase de la *Epístola a los Hebreos,* unos alumnos me preguntaron acerca de un supuesto error existente en Hebreos 9:4. Hablando del tabernáculo, el autor dice que el Lugar Santísimo "tenía" un altar del incienso. Esto lleva a pensar que el altar del incienso estaba *dentro* del Lugar Santísimo. Pero al leer el Antiguo

---

[228] G.K. Chesterton, citado por Philip Yancey en *Soul Survivor* (New York: Doubleday, 2001), pp. 51, 52.

Testamento, vemos que el incensario estaba en el Lugar *Santo* y no el Lugar *Santísimo* (Éxodo 30:1-10). ¿Cómo explicamos esta aparente contradicción? No es tan difícil. Hebreos no dice exactamente que el incensario estuviera *en* el Lugar Santísimo, sino que el Lugar Santísimo *tenía* el incensario. La razón para decirlo así es que este altar estaba en la puerta del Lugar Santísimo, delante del velo, y formaba parte de la *entrada* al Lugar Santísimo. Más aun, el pasaje en Éxodo lo relaciona claramente con el arca del testimonio y el propiciatorio. ("Pondrás el altar delante del velo que está junto al arca del testimonio, delante del propiciatorio que está sobre el arca del testimonio." Éxodo 30:6). Esto es un ejemplo de la manera en que tenemos que buscar soluciones para los supuestos errores.

Si su amigo insiste que no se puede usar la Biblia para probar la Biblia (tal como yo lo hice con mi pastor cuando estaba dudando), usted debe explicarle que no seríamos consecuentes con nuestras convicciones si permitiéramos que la norma para juzgar la Palabra de Dios proviniera de otra parte. En el momento en que ponemos la lógica, la ciencia o la historia por encima de las Escrituras, hemos violado la posición que estamos defendiendo, a saber, que la Biblia es nuestra máxima autoridad. Esto no significa que otra evidencia no nos ayude, sino que ésta no puede estar por *sobre* las Escrituras. En otras palabras, tenemos que dejar que Dios hable por Sí Mismo. Debemos animar al no creyente (o al que está dudando) a leer la Biblia por su propia cuenta y debemos orar para que el Espíritu Santo le hable al entrar en contacto directo con Su Palabra.

Exponer las presuposiciones

Este es el momento para hablar de la epistemología. Puesto que este ha sido el énfasis de este libro, usted debe estar preparado para dialogar seriamente del tema. Preguntemos, ¿cómo sabe usted si algo es verdad? ¿Cuál es el criterio para determinar si algo es o no es verdad? Pregunte, ¿por qué?, ¿por qué?, y ¿por qué?, hasta llegar a su respuesta última. Siendo amable, empújelo hasta sus presuposiciones fundamentales. Inevitablemente, esto mostrará que él se considera a sí mismo el juez último de la verdad.

Notar las inconsecuencias

Como hemos mencionado frecuentemente, puede mostrarle que no puede estar seguro de lo que cree, si se considera a sí mismo el punto último de referencia para saber la verdad, y que no es capaz de vivir consecuentemente con este enfoque. En su corazón él sabe que no es la fuente o el juez de la verdad. Pregúntele algo que no puede saber, y pregúntele si pudiera redistribuir los muebles en la habitación al lado, simplemente pensándolo en su mente. Pregúntele cómo sabe que no aprenderá mañana algo que le hará cambiar de parecer. Si admite su inseguridad, pregúntele cómo puede estar seguro de que el cristianismo *no* es verdad. Explíquele que cualquier sistema de creencias que lo ponga a él por centro eventualmente colapsará sobre él. ¿Cómo puede vivir sin al menos intentar darle sentido a su vida? Creo que muchas personas al menos admitirán que les gustaría creer en una verdad que sea absoluta y con la cual puedan vivir en armonía.

Debemos recalcar el contraste con el enfoque cristiano de la verdad. Dios es el Creador, la fuente de toda verdad, y Él revela la verdad a nosotros. No revela todo, pero revela lo suficiente, prometiendo guiarnos a la verdad. Podemos vivir en armonía con las Escrituras, y en armonía con el concepto cristiano de la verdad revelada. Todos los demás sistemas llevan a la inseguridad y la contradicción.

S A *Señalar a Cristo*

Pida a su amigo que haga una investigación justa y objetiva de la Biblia. Pida al Señor que le hable a su amigo a través de ella. Según Juan 10, las ovejas del Señor escucharán Su voz, le reconocerán, y le seguirán. Nuestra tarea es llevarlo al Buen Pastor. Nadie más puede guiarnos al agua viva.

Recuérdele la historia de Adán y Eva en el huerto de Edén, y ayúdele a ver que él está haciendo lo mismo. Su problema es más espiritual que intelectual. Por esta razón, Jesús vino a morir en la cruz, para lograr nuestro perdón por haber negado a Dios. Él puede comenzar una nueva vida centrada en Cristo.

Piense en una buena ilustración del evangelio para compartir. La historia de la película "La Misión" sirve para explicar la diferencia entre recibir la salvación por gracia y ganarla por méritos. En la película, Mendoza es un vendedor de esclavos indígenas en los tiempos de la colonización. Un sacerdote le manda a hacer penitencia por su pecado, escalando un precipicio, tirando por una soga un saco lleno de artefactos pesados. Esto lo hace al lado de una cascada, cerca del lugar donde viven los indígenas que él vendía. Cuando ya no puede seguir subiendo, mira hacia arriba, y ve algunos de los mismos indígenas bajando hacia él, con cuchillos en sus manos. Está seguro de que le van a matar, pero para su sorpresa, ¡ellos cortan la soga! ¡Él queda libre! Sabiendo que esto simboliza su perdón, Mendoza estalla en lágrimas.

Esta escena muestra dos enfoques distintos. El ejercicio de penitencia que le pidió el sacerdote representa el esfuerzo humano por lograr su propio perdón, y la liberación de parte de los indígenas representa el verdadero perdón gratuito de Dios en Jesucristo. Tal como el hombre no pudo subir el precipicio, todos somos pecadores, incapaces de satisfacer la justicia de Dios o ganar nuestra salvación por nuestros propios méritos, pero Cristo ha logrado todo por nosotros. Él vivió una vida perfecta, murió por nuestros pecados, y resucitó victoriosamente. En un sentido, Él corta la soga para perdonarnos y dejarnos libres.

ATAQUES RECIENTES A LAS ESCRITURAS

Mi médico siempre me ve leyendo un libro mientras lo estoy esperando, y él me ha preguntado acerca de la novela popular de Dan Brown, *El código Da Vinci*, y otros libros tales como *Misquoting Jesus* [Citando equivocadamente a Jesús] y *Los misterios de Jesús*. La controversia está relacionada con la literatura gnóstica encontrada en una cueva en Egipto en 1945, llamada la biblioteca *Nag Hammadi*, así que el tema no es exactamente nuevo. Pero la novela ha popularizado una nueva onda de duda con respecto a la Biblia y su integridad histórica. El debate más reciente está centrado en el *Evangelio de Judas*. Decidí que debería investigar y leer algunos de estos libros para poder darle una respuesta más seria. Debo confesar que la cantidad de tomos en la librería me impresionó mucho. Si le interesa este tema, puede leer la carta que escribí a mi médico en el apéndice.

DINÁMICA DE GRUPO

Usando la pregunta acerca de la autenticidad de la Biblia, hagan una práctica de la apologética. Una persona debe tomar el papel de un escéptico, y otra persona el papel de un cristiano que defiende la Biblia. El cristiano debe usar los pasos del método "DEFENSA". Después, conversen acerca de cómo el cristiano podría mejorar su defensa de la Biblia.

PREGUNTAS DE REPASO

1. Mencione brevemente algunas posibles respuestas a la pregunta acerca de la existencia de Dios.

2. ¿Cómo podemos exponer las presuposiciones del no creyente con respecto a su falta de fe en Dios?

3. Explique brevemente la inconsecuencia de negar la existencia de Dios.

4. Mencione ejemplos de cómo la Biblia confirma su propia autenticidad.

5. Mencione cuatro profecías del Antiguo Testamento acerca de Cristo, que se cumplieron en el Nuevo Testamento.

6. Mencione un ejemplo de evidencia arqueológica que confirma la Biblia.

7. Explique la ilustración de G. K. Chesterton acerca de una persona en la playa después de un naufragio, y explique lo que nos enseña acerca de la Biblia.

8. ¿Cómo podemos contestar la acusación de que es injusto usar la Biblia para defender la Biblia?

PREGUNTAS PARA REFLEXIÓN

1. ¿Cómo llegó usted a creer en Dios? ¿Qué influyó en usted especialmente?

2. ¿Tiene amigos que niegan la existencia de Dios? ¿Cuál es su razón? ¿Cómo podría ayudarles a tener fe en Dios?

3. ¿Cuál es su propia actitud hacia las Escrituras? ¿Las considera inspiradas y sin errores? Si es así, ¿cómo llegó a tener esa creencia?

4. ¿Tiene amigos que cuestionan la autoridad de la Biblia? ¿Conocen bien la Biblia? ¿Qué problemas tienen con la Biblia?

9. OTRAS RELIGIONES

Pregunta #3: ¿Qué pasa con las demás religiones?

Esta pregunta se ha vuelto más y más común con el aumento del interés en las religiones orientales. Algunos me han dicho, "Si hubiese nacido en la India o en China, mi familia pertenecería a otra religión. ¿Cómo podemos estar seguros de que estas religiones están equivocadas y el cristianismo es la única religión verdadera?" He escuchado la ilustración de los ciegos y el elefante para apoyar la validez de todas las religiones. El siguiente poema está basado en una antigua fábula de la India.

Los Ciegos y el Elefante
John Godfrey Saxe (1816-1887)

Eran seis hombres de Indostán
Muy dispuestos a aprender
Y fueron a contemplar al Elefante
(Aunque ninguno podía ver)
Esperando todos que al tocar
Satisfarían lo que era su parecer.

El primero se acercó al Elefante,
Y sin poderlo evitar

Contra su ancho y firme flanco cayó.
De inmediato empezó a bramar:
"Dios me bendiga, pero el Elefante
A una pared se asemeja de verdad".

El segundo, al palpar el colmillo,
Exclamó: "¡Vaya! ¿Qué tenemos aquí
Tan curvado, suave y afilado?"
Está muy claro para mí
Esta maravilla de Elefante
¡A una lanza se asemeja y es así!"

El tercero se aproximó al animal,
Y cuando el azar lo hizo atrapar
Entre sus manos la retorcida trompa
Alzó la cabeza para anunciar:
"Ya veo. ¡El Elefante
a una serpiente se asemeja, sin dudar!"

El cuarto extendió la mano con ansiedad
Y en torno de la rodilla palpó.
"A lo que más se parece esta maravillosa bestia
Es muy evidente para mí", proclamó;
"Está claro que el Elefante
¡A un árbol se asemeja, cómo no!"

El quinto fue a dar con la oreja,
Él dijo: "Hasta la persona más ciega
Sabe a qué se parece esto.
Que lo niegue aquel que pueda
Esta maravilla de Elefante
¡A un abanico se asemeja!"

El sexto apenas había empezado
A la bestia a tantear

Cuando la movediza cola
A su alcance acertó a pasar.
"Ya veo", exclamó, "el Elefante
¡A una soga se asemeja en verdad!"

Y así estos hombres de Indostán
Largo tiempo disputaron a viva voz.
Cada uno tenía su opinión
Aparte de la dureza y el vigor,
Y aunque en parte todos tenían la razón,
¡A la vez todos cometían un error!

Moraleja
Con frecuencia en las guerras teológicas
Los contendientes, imagino yo,
Se mofan en completa ignorancia
De lo que el otro decir pretendió,
Y parlotean sobre un Elefante
¡Qué ninguno de ellos vio![229]

Este poema simpático destaca algo válido: Nadie tiene toda la verdad, y todos podemos aprender el uno del otro. Sin embargo, no es válido confundir este concepto con la idea de que todas las religiones son solamente distintas maneras de ver al mismo Dios, y que todos los caminos llegan al cielo.

Antes de proseguir a contestar la pregunta, recuerde los pasos uno y dos:

---

[229]<http://64.233.161.104/search?q=cache:Of3sBTkjbCUJ:www.chile2 1.cl/medios/PDF/Coleccion/
col38.pdf+John+Godfrey+Saxe+&hl=en&lr=lang_es> (29 de septiembre, 2005)

Desarrollar interés en la persona

Averigüe si su amigo se identifica con alguna religión. Permítale explicar lo que cree y cómo llegó a tal religión.

Explicar la fe propia

Comparta cómo llegó usted a ser cristiano. ¿Por qué Jesús es especial para usted?

Después de haber abordado estos aspectos de la conversación, supongamos que su amigo presenta ahora su inquietud respecto de otras religiones. Ahora, usted puede:

Formular las respuestas

1) Primero, supongamos que nuestro amigo no es un seguidor fiel de otra religión, sino que se pregunta por qué no puede seguir más de una sola religión.

Puede contestar que, como cristianos, reconocemos que otras religiones contienen residuos de la revelación divina, pero también creemos que hay un solo camino a Dios, este es por medio de Jesucristo. Esto no es nuestra idea; es la enseñanza de Jesús.

Jesús le dijo, "Yo soy el camino, y la verdad, y la vida; nadie viene al Padre, sino por Mí." (Juan 14:6)

A través de la Biblia encontramos referencias a otros dioses, pero en *ningún* caso Dios dice, "Está bien. Estos otros dioses son solamente diferentes maneras de adorarme a mí." Por el contrario, Dios considera siempre que la creencia en otras religiones constituye una manifestación ofensiva de adulterio espiritual.

Yo soy el SEÑOR tu Dios, que te saqué de la tierra de Egipto, de la casa de servidumbre. No tendrás otros dioses delante de Mí. No te harás ningún ídolo, ni semejanza alguna de lo que está arriba en el cielo, ni

abajo en la tierra, ni en las aguas debajo de la tierra.
(Éxodo 20:2–4).

...Quiten los dioses extranjeros que están en medio de
ustedes, e inclinen su corazón al SEÑOR, Dios de Israel.
(Josué 24:23)

Con respecto a la ilustración del elefante, es importante recordar que realmente hay un *elefante* allí. Cuando los hombres del poema dicen que el elefante es como una pared o una serpiente, están distorsionando los hechos. Han observado un solo aspecto, y han reducido el elefante a algo muy distinto a lo que realmente es. El poema mismo dice, "Y aunque en parte todos tenían la razón, ¡A la vez todos cometían un error!" Es así con las demás religiones; pueden tener puntos en común con el cristianismo, pero han distorsionado la verdad a tal punto que sus enseñanzas no son compatibles con el evangelio. En realidad, todos fuimos ciegos a Dios hasta que Él mismo abrió nuestros ojos.

El Dios de la Biblia se ofende cuando la gente pretende adorarlo usando nombres o descripciones equivocadas de Él. ¿A qué padre humano le gustaría que su hijo colgara la foto de una vaca en la pared con el nombre "Papá" escrito debajo? Al Dios verdadero no le gusta ser representado por una vaca, la luna, o una estatua del Buda.

Muestre a su amigo que otras religiones contradicen la fe cristiana de maneras fundamentales. No se puede aceptar el cristianismo al mismo tiempo que otras religiones. Al final de este capítulo, haremos un breve repaso de otras religiones mostrando las grandes diferencias. La diferencia más importante es la pregunta acerca del camino de la salvación. Solamente el cristianismo enseña la salvación por gracia. Todas las demás religiones enseñan la salvación por obras. Otra enseñanza claramente distintiva es que el Dios de la Biblia es una Trinidad, tres personas en un solo Dios. Algo muy significativo, y que solo el cristianismo enseña, es que Dios el Padre dio a Su Hijo para morir en nuestro lugar. Las demás religiones enseñan algo que está en absoluta contradicción con esto, lo cual hace imposible compatibilizarlas con el cristianismo.

Aquellos que acusan al cristianismo de ser exclusivista, deben entender que todas las religiones lo son. El budismo rechaza las escrituras sagradas del hinduismo, los *Vedas*. El Islam pone el Corán por sobre otros escritos sagrados. Cuando otras religiones no reconocen a Jesús como Dios encarnado, el único Señor y Salvador, están excluyendo así al cristianismo verdadero. Aceptar varias religiones es como el joven que decía que no negaba la divinidad de Jesús, ¡incluso no negaba la divinidad de nadie!

Muestre a su amigo que la Biblia enseña que el Dios verdadero se ha revelado a todas las personas (Romanos 1:18-21). Cuéntele de lo que ocurrió con Pablo en Atenas, donde tenían el altar al "Dios no conocido" (Hechos 17). Explíquele que aun las personas que pertenecen a otras religiones tienen una conciencia del Dios verdadero.

Explique que la Biblia enseña que Dios se reveló a las primeras personas en la tierra, y que la primera religión fue el cristianismo. Al principio fue revelada en forma de semilla, y después se iba desarrollando más y más claramente durante miles de años. Dios se lo reveló a Adán y Eva; les contó que vendría un descendiente de ellos que lucharía con Satanás y obtendría la victoria (Génesis 3:15). Dios mostró a Abraham que iba a proveer un sacrificio en nuestro lugar (Génesis 22). El tabernáculo, el templo, y el sistema de sacrificios apuntan al cordero de Dios.

Esto explica por qué encontramos pistas del cristianismo entre diferentes culturas y tribus remotas de todo el mundo. Por ejemplo, algunos hacen sacrificios y celebran rituales que manifiestan su sentimiento de culpa y su necesidad de perdón y reconciliación con Dios.

2) Ahora supongamos que nuestro amigo es un seguidor comprometido de otra religión. Esta situación requiere otro acercamiento. Esta persona probablemente no está buscando respuestas acerca del cristianismo, sino que posiblemente esté tratando de convencernos de su propia religión. Sugiero hacer muchas preguntas acerca de sus creencias. Es mejor no atacar sus convicciones, sino dejar que las explique. Al hacerlo, él mismo podría darse cuenta de que no está tan seguro de sus convicciones. Incluso, posiblemente no conozca bien las enseñanzas de su religión.

Hace algunos años estuve en Kazajistán para enseñar un curso de apologética. Una de las preocupaciones de los cristianos era cómo evangelizar a los musulmanes. Al conversar con ellos y escuchar sus testimonios, llegué a entender algo que había leído en un pequeño libro, *Pocket Guide to Islam* [Guía de bolsillo para entender el Islam]. Creo que el mismo principio se aplica a otras religiones también. Lo cito:

> La mayoría de los musulmanes que vienen a Cristo no se convierten por argumentos intelectuales que prueben que el Islam no es válido. Más bien se convierten debido a un encuentro personal con Cristo. Frecuentemente esto sucede mientras están leyendo un Nuevo Testamento. Otros testifican que han visto el amor de Cristo a través de sus amigos cristianos.[230]

Es importante que vean nuestra relación personal con el Padre celestial que nos ama. Mi esposa, Angélica, fue atraída a Cristo cuando escuchó a un grupo de estudiantes orando a Dios de una manera informal y personal. Ninguna otra

---

[230] Patrick Sookhedeo, *A Christian's Pocket Guide to Islam* (Fearn, Ross-shire, Scotland: Christian Focus Publications, 2001), p. 73.

religión tiene a un Dios personal que nos ama como el cristianismo, y debemos dejar que observen eso.

Sin embargo, a veces necesitamos aclarar dudas acerca del cristianismo. Por ejemplo, la Trinidad es un obstáculo para musulmanes, y podemos explicar la doctrina lo mejor posible. (Vea "Una defensa bíblica de la Trinidad" posteriormente). Algunos musulmanes entienden que creemos en tres Dioses, ¡o que creemos que Jesús nació de una relación sexual divina!

Otro obstáculo para miembros de otras religiones es la identificación del cristianismo con la cultura occidental. Lamentablemente, algunos aspectos de la cultura occidental son muy materialistas e inmorales. Para alguien de otra cultura, el cristianismo puede parecer extraño y poco atractivo. Sienten que tendrán que dejar sus costumbres y su identidad para ser cristianos. Aunque en un sentido cualquier persona tiene que morir a sí misma y asumir una nueva identidad en Cristo para ser cristiana, no debemos esperar que ellos cambien costumbres culturales como la comida, la vestimenta, el lenguaje, o sus gustos en el arte o la música.

Exponer las presuposiciones

Su amigo podría suponer que las contradicciones entre las religiones del mundo son insignificantes. Posiblemente no le importe sostener dos creencias totalmente contradictorias. Podría pensar que Jesús era simplemente un buen hombre. Quizás crea que las religiones orientales son más antiguas que el cristianismo, y que por lo tanto, son más válidas. Trate de averiguar cuáles son sus convicciones más profundas, y pregúntele por qué cree lo que cree. Siga preguntando hasta que revele su punto de partida. Ayúdele a ver que probablemente está decidiendo por sí mismo lo que es la verdad, y al hacerlo está negando la autoridad de Dios sobre él.

Notar las inconsecuencias

Pregúntele a su amigo acerca de su percepción del bien y del mal, y su conciencia de culpa. ¿Habrá otra religión que pueda borrar su culpa y tranquilizar su conciencia? Ayúdele a ver que, si sostiene alguna forma de monismo, como hacen muchas religiones, consecuentemente debería negar la validez de sus propios pensamientos y la distinción entre el bien y el mal. Ayúdele a ver que no puede creer en el cristianismo y también en otra religión. ¿Podrá aceptar dos creencias contradictorias? Finalmente, ayúdele a ver que no puede asumir el rol del juez de la verdad, sin que esto le lleve a una inseguridad y a una absoluta contradicción entre su vida y su creencia.

S A Señalar a Cristo

Refiérase a las características únicas y maravillosas de Cristo, lleno de gracia y verdad. Cuéntele las historias de la vida, muerte, y resurrección de Jesús. Relate algunas de Sus enseñanzas. ¡Ninguna otra religión se puede comparar con el evangelio! Anímele a leer los evangelios o a ver una película bíblica acerca de Jesús, y a evaluar por sí mismo.

Podemos usar la misma ilustración del elefante para describir nuestra condición espiritual antes de nuestra conversión. Estábamos ciegos y confundidos. Pero cuando el Señor nos abrió los ojos, vimos la verdad.

Piense en una buena manera de presentar el evangelio a su amigo. Lo que sigue es una descripción de un video que sería excelente para ilustrar el evangelio de la salvación por gracia en lugar de la salvación por esfuerzo humano.

"El hombre que cayó en un hoyo"[231]

Un hombre cae en un hoyo profundo, y no puede salir. Varias personas pasan y le ofrecen sus consejos. Una persona sugiere que debería meditar y darse cuenta de que el hoyo no existe realmente. Otra persona recomienda hacer cosas buenas para acumular buen "Karma" para ser reencarnado como algo bueno. Alguien le dice que debería hacer ejercicios espirituales. El hombre intenta todo, pero sigue en el hoyo, y al final colapsa en el suelo, cansado de sus esfuerzos. Cuando ha perdido toda esperanza, otro hombre se detiene, tira una soga abajo, desciende en el hoyo, ¡lo echa sobre su hombro, y lo saca afuera!

Las otras religiones y el esfuerzo humano no pueden salvarnos. Pero Jesús nos lleva en Sus hombros para sacarnos del hoyo. ¡Es la única manera de salvarnos!

UN REPASO DE LAS RELIGIONES DEL MUNDO

En preparación para comparar el cristianismo con otras religiones, vea este breve resumen de algunas religiones populares.

1. El animismo

El término viene de "ánima" (alma), puesto que los animistas creen que todo tiene vida espiritual, incluyendo animales, plantas, piedras, y todo tipo de objetos. Se estima que un 40% de la población del mundo actual es animista. Frecuentemente esta religión incluye brujería, magia, supersticiones y ritos. Normalmente, creen en un solo dios creador que está por sobre muchos otros dioses más pequeños. Pero el hombre no puede relacionarse con el dios

---

[231] "El hombre que cayó en un hoyo." YouTube: <https://youtu.be/rjWojePRuyk?si=WwSdDqhuzy5arkfU> (21 de marzo, 2024)

creador, sino solamente con los dioses de la salud, del tiempo, y de todo aquello que afecta su vida diaria. En realidad, el animismo es típicamente otra forma del panteísmo, ya que postula que todo lo que existe contiene el alma universal de dios.[232]

Desde la época de la colonización, ha existido un sincretismo en América Latina entre el cristianismo y el animismo existente entre los indígenas antes de su llegada. La famosa Virgen de Guadalupe en México está ubicada en el mismo lugar donde antes hubo un templo dedicado a *Cihuacoatl* (madre diosa de la tierra y madre serpiente), desde mucho antes que llegaran los conquistadores. En esta imagen de la Virgen, ella está parada encima de un símbolo de la luna, otra importante deidad indígena, sugiriendo así que ella es superior pero no la destruye. Esta imagen expresa gráficamente la manera en que el cristianismo ha sido agregado encima del animismo, sin eliminar sus antiguas creencias.[233]

2. El hinduismo

El hinduismo no tiene ningún fundador o líder especial. Sus textos sagrados se llaman los *Vedas*, colecciones de himnos, encantaciones, y ceremonias, escritas por varias personas entre 1.500 y 900 antes de Cristo. Otros escritos posteriores como los *Brahmanas*, los *Aranyakas* y los *Upanishads* son comentarios sobre los *Vedas*. Sus dioses son dioses de la naturaleza, y su sistema de sacrificios fue elaborado para obtener favores de ellos. Hay tres dioses que llegaron a ser los más importantes: Brahman el creador, Vishnú el preservador, quien vino a la tierra por lo menos diez

---

[232] J.N.D. Anderson, *The World's Religions* [Las religiones del mundo] (Grand Rapids: Eerdmans, 1968), pp. 9-24. Vea también: <http://religion-cults.com/Ancient/Animism/Animism.htm>
[233] Rodolfo Blank, *Teología y misión en América Latina* (San Luis, Missouri: Concordia, 1996), pp. 80, 101-105.

veces, y Siva el destructor.[234] Los escritos más filosóficos enseñan que, detrás de los fenómenos visibles de este mundo, hay una sola realidad. El hombre necesita darse cuenta de que su alma está unida con el alma del universo.[235]

Creen que las acciones del hombre acumulan *karma* positivo o negativo, determinando cómo será su estado cuando sea reencarnado en la siguiente vida.[236] Tal como dice J.N.D. Anderson:

> Una vez más está enredado en el ciclo de deseo, acción, y consecuencias, tal como el agua en la rueda de paletas corre de una paleta a otra, sin encontrar liberación.[237]

3. El budismo

El budismo tiene sus raíces en el hinduismo, pero se aleja de algunas de sus enseñanzas fundamentales. Gautama (563-483 a.C.), el *Buda* (el *iluminado*), vino de una familia rica, pero fue impresionado por el sufrimiento de otros, y decidió buscar una manera de aliviar el dolor y escapar del ciclo de la reencarnación. Primero, intentó el ascetismo, comiendo un grano de arroz cada día, hasta que su cuerpo se convirtió en

---

[234] Derek Cooper dice que algunos seguidores del hinduismo creen en muchos dioses, mientras que otros creen que hay un solo dios verdadero y que los otros "dioses" son manifestaciones del dios verdadero. Véase Derek Cooper, *Christianity and World Religions* [Cristianismo y religiones del mundo] (Phillipsburg, NewJersey: P&R Publishing. 2013), 16-17.

[235] *Mundaka Upanishad*, citado en Anderson, p. 110. Vea también: <http://members.tripod.com/~quiron_alvar/mundaka2.htm≥ (29 de septiembre, 2005).

[236] Anderson, *The World's Religions,* pp. 99-117. También: <http://www.san.beck.org/EC7-Vedas.html#10> (2 de septiembre, 2005)

[237] Anderson, *The World's Religions*, p. 109. (traducido por el autor)

un esqueleto. Finalmente se dio cuenta de que la única manera de poner fin al sufrimiento era a través de la eliminación del deseo. Para lograr una liberación completa, uno debe meditar, concentrándose en un solo objeto, hasta superar las sensaciones de placer o dolor, y llegar a un estado *más allá de la conciencia*. Este estado es la iluminación, *Nirvana*, y significa la liberación del ciclo del renacimiento. Gautama lo describe así:

> ...una condición en que no hay tierra ni agua, aire ni luz, espacio infinito ni tiempo sin límite, ningún tipo de ser, ni ideas ni falta de ideas, ni este mundo ni otro. Nada se levanta ni deja de ser, ni muere, y no hay causa ni efecto, ni cambio ni permanencia.[238]

Hay diferentes tipos de budismo. Algunos no creen en ningún dios, mientras que otros adoran a un dios. Algunos creen que Buda era sólo humano, mientras que otros lo consideran divino.[239] Algunos consideran el budismo más un *estilo de vida* que una *religión*. Está centrado en la experiencia personal de la liberación del sufrimiento. Un autor lo describe como "una disciplina ética no-teísta".[240]

4. El Islam

Mahoma (570 - 632 d.C.) supuestamente recibió revelaciones, que más tarde llegarían a ser el *Corán*, y lo convertirían en el profeta del movimiento. Además del Corán, también aceptan el *Pentateuco*, los *Salmos*, y los *Evangelios*

---

[238] *Sacred Books of the Buddhists* [Libros sagrados de los budistas], tomo II, pp. 54 y siguientes, citado en Anderson, p. 126. (Traducido por el autor.)

[239] Cooper, *Christianity and World Religions*, 34-35.
[240] Anderson, *The World's Religions*, p. 126. Él cita a "Prof. Kraemar," pero no da la fuente.

como revelación divina. Admiten que el *Corán* tiene contradicciones, pero simplemente explican que la revelación posterior siempre reemplaza y supera la revelación anterior.[241]

Ellos consideran que Jesús fue solamente otro profeta, y enseñan que Sus seguidores lo habrían deificado en contra de Su voluntad. Supuestamente los documentos más antiguos de los Evangelios fueron modificados por los creyentes para enseñar la deidad de Jesús.[242] Niegan la crucifixión de Cristo, incluso niegan que haya muerto de cualquier forma. Pero para evitar la conclusión inevitable que Cristo sea superior a Mahoma, quien sí murió, agregan una profecía que Jesús volverá, aceptará el Islam, y después morirá.[243]

Su credo es simplemente, "No hay otro Dios sino Allah, y Mahoma es su profeta." Allah es tan distinto de sus criaturas que no se puede decir casi nada acerca de él. *Él creó tanto el bien como el mal*, y gobierna la creación entera momento por momento en forma milagrosa. Según su enfoque fatalista de la soberanía de Allah, el hombre no tiene libertad de decisión, sino solamente una ilusión de libertad. Los musulmanes tienden a aceptar pasivamente todo lo que sucede como la voluntad de Allah.

Según ellos, cuando alguien muere, debe enfrentar el juicio de Allah, quien hará un balance entre sus buenas obras y sus malas obras. Si alguien está dispuesto a dar su vida en una *Jihad* (guerra santa) contra los infieles, tendrá un lugar garantizado en el paraíso.[244]

El peligroso matrimonio entre su política y su religión ha transformado el mundo entero en una sociedad de sospecha y miedo. No estábamos preparados para enfrentar a personas

---

[241] Patrick Sookhedeo, *A Christian's Pocket Guide to Islam* (Fearn, Ross-shire, Scotland: Christian Focus Publications, 2001), pp. 16, 28.

[242] Sookhedeo, *Pocket Guide to Islam,* p. 16.

[243] Sookhedeo, *Pocket Guide to Islam,* pp. 39, 40.

[244] Anderson, *The World's Religions*, pp. 52-98.

con convicciones tan fuertes como para estar dispuestas a suicidarse por una causa. Pero la verdad es que tales fanáticos han estado persiguiendo a los cristianos durante siglos alrededor del mundo. En países como el Sudán, han estado en guerra desde el año 1983, en donde más de dos millones de personas han perdido la vida. Colin Powell, el ex-secretario de estado de los Estados Unidos, dijo en 2001, "Cuesta pensar en alguna tragedia mayor que ésta en la tierra hoy."[245]

5. El judaísmo

Existen diferentes escuelas de pensamiento dentro del judaísmo y no existen credos históricos que expresen oficialmente las doctrinas de la religión judía.[246] Sin embargo, tradicionalmente tienden a sostener algunas creencias comunes: Aceptan lo que llamamos el Antiguo Testamento, así como el Talmud, enseñanzas sobre la ley y las tradiciones judías. Creen en un Dios creador, pero no creen en la Trinidad y no reconocen a Jesús como el Mesías. La salvación frecuentemente se ve en términos del destino de la nación de Israel, pero aquellos que creen en una vida futura individual esperan una resurrección y un juicio divino.[247] La expiación viene a través del arrepentimiento, la oración, y buenas obras. Algunos creen que al morir, los malvados pasarán doce meses en *Gehenna* (similar al concepto católico del purgatorio), y después se unirán con los justos en Gan Edén (huerto de Edén celestial) en la presencia de Dios. Casi todos creen que "un judío hereda el cielo por derecho, mediante el

---

[245] "No Greater Tragedy" ["Ninguna tragedia mayor"] *Christianity Today*, 11 de junio de 2001. Vea:
<http://www.christianitytoday.com/ct/2001/008/43.95.html>
[246] Anderson, *The World's Religions*, 25-26.
[247] "Salvation - Redemption, Messianism, Torah" Britannica.com < https://www.britannica.com/topic/salvation-religion/Judaism >(10 de abril, 2024)

pacto divino con Abraham".[248] Derek Cooper dice: "El judaísmo es tanto una cultura, una etnia y una civilización como una 'religión'". Agrega que el judaísmo "se centra en los hechos más que en los credos" y que deberíamos entender el judaísmo más como una "identidad" que como un sistema de creencias.[249]

Ya que compartimos la herencia del Antiguo Testamento, tenemos mucho en común con ellos, como las enseñanzas del Dios personal quien es el creador, del hombre quien es la imagen de Dios, de la ley moral, y del pecado. Sin embargo, no debemos confundirnos; *no creemos en el mismo Dios*. Ellos necesitan que hacer más que simplemente *agregar* a Jesús y el Nuevo Testamento a su sistema de creencias. Sus conceptos de Dios y del Antiguo Testamento han sido distorsionados de una manera fundamental. El Antiguo Testamento también enseña la Trinidad y la salvación por gracia, por la fe en el Mesías. Todo el Antiguo Testamento está hablando de Jesús (Lucas 4:27).

6. La *Nueva Era*

¿Qué es la *Nueva Era*? No es una religión organizada o una filosofía sistematizada, sino un grupo de ideas y una red de comunicación. Es una mezcla de religiones orientales con la razón y la ciencia del occidente. Por un lado, evita el misticismo oriental por su falta de esfuerzo por cambiar el mundo, y por otro lado rechaza el enfoque occidental que tiende a excluir lo religioso y lo místico. Resisten el materialismo, la cultura tradicional, y el nihilismo. Es una versión occidental de las religiones orientales, pero con un énfasis en el individuo. Tiene sus raíces en el antiguo gnosticismo, el cual sostenía que la materia era mala, y que el espíritu era bueno. El conocimiento es el camino de la

---

[248] Anderson, *The World's Religions*, 32, 34.
[249] Cooper, *Christianity and World Religions*, 79, 96.

salvación. No niegan otras creencias religiosas, sino que las ven como parte de un proceso del despertar humano. Están esperando un cambio pronto de edades. En la *nueva era*, la edad del *acuario*, las mujeres dominarán la sociedad, no los hombres.

Sostienen un tipo de animismo que supone que existen muchos seres espirituales, y que hay brujos y magos que saben controlar a los espíritus. Practican algo llamado la "canalización", el uso de medios para contactar a los espíritus. La realidad fundamental es el SER, la conciencia (no material, pero tampoco energía). Este Ser se manifiesta en dos maneras, en el universo visible, accesible a través de la conciencia normal, y en el universo invisible, accesible a través de estados alterados de la conciencia (por ejemplo, con drogas). La realidad es como un holograma, en que el cuadro entero está incluido en cada parte pequeña. Cualquier punto del universo contiene la información del universo entero. Por lo tanto, ¡el universo entero también está en mi mente![250]   Lo que separa al hombre de "Dios" es su conciencia ignorante. El hombre debe darse cuenta de que él mismo es Dios.

> Sepa usted que es Dios; sepa usted que es el universo. (Shirley MacLaine)[251]

> Siento el poder de la galaxia fluyendo dentro de mí...Yo mismo soy el proceso de la creación, increíblemente fuerte, increíblemente poderoso. (John Lilly)[252]

---

[250] Douglas Groothuis, *Unmasking the New Age* [La Nueva Era desenmascarada](Downers Grove: IVP, 1986), p. 99.

[251] Citado por James Sire, *The Universe Next Door* [El universo de a lado](Downers Grove: IVP, 1997), p. 155. En español, *El universo de al lado*, Grand Rapids: Libros Desafío, 2006.

[252] James Sire, *Universe Next Door*, p. 162

Algunos representantes conocidos son:

Alvin Toffler (futurista)
Shirley MacLaine (actriz)
Elizabeth Kubler-Ross (experta en la muerte)
Carl Jung (psicólogo)
John Denver (cantante)
Steven Spielberg (productor de películas)[253]

No estoy sugiriendo que como cristianos no debamos escuchar las canciones de John Denver ni ver las películas de Steven Spielberg. Sin embargo, debemos aprender a "probar los espíritus" (1 Juan 4:1). Podemos regocijarnos al encontrar los reflejos de la verdad de Dios dentro de estas expresiones artísticas y aun así rechazar sus mensajes de la Nueva Era.

Todas estas religiones que hemos visto son distorsiones del cristianismo, la cual fue la primera religión enseñada a los primeros seres humanos. Me parece interesante que la mayoría no tiene credos y confesiones oficiales que resuman sus creencias como tenemos en el cristianismo, dejando una amplia diversidad de convicciones. Además, frecuentemente destacan la ética, tal como en la última fase que vemos en la filosofía griega y moderna. Además, no es sorprendente que veamos residuos de creencia en el único Dios verdadero y evidencia de creencia en principios éticos clave que han sido grabados en sus corazones por el único Dios verdadero (Romanos 1 y 2).

Sin embargo, hay diferencias fundamentales. Solamente el cristianismo enseña que Dios es personal y una Trinidad. Solamente el cristianismo enseña que la salvación es por

---

[253] Groothuis, *Unmasking the New Age*, y Sire, *Universe Next Door*. Estos nombres son citados a través de los dos libros.

gracia mediante la fe. Solamente el cristianismo tiene respuestas verdaderas para los problemas del mundo: el perdón, la salvación, y la transformación en Cristo. Todas las demás religiones dejan a la gente con culpa, y sin esperanza. Si el evangelio no fuera verdad, como dice Pablo, "¡comamos y bebamos, porque mañana moriremos!" (1 Corintios 15:32)

Una defensa bíblica de la Trinidad

Será beneficioso establecer una defensa bíblica de la Trinidad, al comparar el cristianismo con otras religiones. ¿Por qué es tan importante esta doctrina? Porque cada persona de la Trinidad merece ser honrada como Dios. Esta doctrina probablemente no es el mejor punto para iniciar el diálogo con representantes de otras religiones, pero tarde o temprano tenemos que ayudarles a entenderla, y debemos tenerla clara en nuestras mentes. Tal como aprendí en Kazajistán, la Trinidad representa uno de los obstáculos más grandes para muchos musulmanes.

¿Cómo debemos expresar esta doctrina? Básicamente, significa que hay un solo Dios en tres personas, quienes son iguales en gloria. El *Catecismo Menor de Westminster* dice:

Pregunta 5: ¿Hay más de un Dios?
Respuesta: No hay sino uno solo, el Dios Vivo
y verdadero.
Pregunta 6: ¿Cuántas personas hay en la
Divinidad?
Respuesta: Hay tres personas en la Divinidad:
el Padre, el Hijo y el Espíritu Santo; y estas tres
personas son un solo Dios, las mismas en
sustancia, iguales en poder y gloria.

¿Cuál es la evidencia bíblica? Armonizamos pasajes que enseñan lo siguiente:

Dios es uno.
Deuteronomio 6:4; 1 de Corintios 8:4.

Jesús es Dios.
Juan 1:1-14; Hebreos 1:8; Juan 5:22,23; Juan
14:6-9; Juan 17:5, 20-22; Tito 2:13.

El Espíritu Santo es Dios.
Hechos 5:3-4; 2 Corintios 3:16,17.

El Espíritu Santo es el Espíritu de Cristo.
Romanos 8:9,10.

Otros pasajes que sugieren la doctrina de la Trinidad
son Mateo 28:19 y 2 de Corintios 13:14.

Un malentendido acerca de la Trinidad es pensar que
Dios toma distintas formas en distintos momentos (llamado
modalismo). Al contrario, la Biblia enseña que las tres
personas están presentes en el mismo lugar al mismo tiempo,
por ejemplo en el bautismo de Jesús (Mateo 3:13-17).

Cualquier intento de dar una ilustración de la Trinidad
siempre falla, porque la Trinidad es única, e involucra algo de
misterio. Por ejemplo, algunos comparan la Trinidad con el
agua, porque toma la forma de líquido, sólido, o gas. El
problema con esta ilustración es que Dios siempre es el
Padre, Hijo, y Espíritu Santo a la misma vez; no cambia de una
forma a otra, como el agua. Otra ilustración es el huevo, que
tiene la cáscara, la clara, y la yema. El problema con esta
ilustración es que el huevo tiene tres partes totalmente
distintas y separables, cada una con sus cualidades muy
distintas, mientras que las tres personas de la Trinidad son
iguales en sustancia. Otros comparan la Trinidad con el
hombre, que supuestamente tiene cuerpo, espíritu, y alma.
Además del hecho de que esta doctrina de los tres aspectos

del hombre (la tricotomía) es cuestionable,[254] esta ilustración falla porque los aspectos del hombre no comparten las mismas cualidades como las tres personas de la divinidad. Por ejemplo, sin la presencia del aspecto espiritual, el cuerpo no tiene vida.

No podemos comprender totalmente esta doctrina, pero sabemos que la Biblia la enseña. No debe sorprendernos el hecho de que hay aspectos de Dios que no comprendemos. Incluso, esto demuestra que el Dios de la Biblia no es un invento humano.

Tampoco es irracional la doctrina de la Trinidad. Está más allá de nuestra comprensión, pero no irracional; en cierta manera, tiene bastante sentido. Por ejemplo, para que Dios sea eternamente un Dios de amor antes de la creación, tiene sentido que existiera en la forma de tres personas que se relacionan entre sí. Además, para que la redención fuera efectiva, Dios tuvo que darse a Sí mismo en la cruz. La expiación fue posible porque Dios castigó el pecado en Su Hijo Jesucristo (Romanos 5, Hebreos 9). Finalmente, para que Cristo continuara Su obra en la tierra después de volver al Padre, tiene sentido que el Espíritu Santo sea una tercera persona que lo represente. Ahora el Hijo está al lado del Padre en el cielo, intercediendo por nosotros, y el Espíritu Santo está operando en la aplicación de la redención. Así que creer en la doctrina de la Trinidad es algo como creer que el espacio es infinito; no podemos comprender que es infinito, pero lo aceptamos. De una manera similar, no podemos comprender totalmente la doctrina de la Trinidad, pero podemos aceptarla.

---

[254] Prefiero hacer una sola distinción entre el cuerpo físico y el ser interior espiritual. Hacer una clara distinción entre el "espíritu" y el "alma" me parece difícil. Vea Louis Berkhof, *Teología sistemática* (Grand Rapids: Libros Desafío), parte 2, capítulo 2.

DINÁMICA DE GRUPO

Usando la pregunta acerca de otras religiones, pidan que dos personas practiquen la apologética con los pasos del método "DEFENSA". Una persona debe asumir el papel de alguien que cree en otra religión o que cree que no hay problema en aceptar más de una religión, y la otra persona debe asumir el papel de un cristiano. Después, conversen acerca de cómo el cristiano podría mejorar la defensa de su fe.

PREGUNTAS DE REPASO

1. Explique la ilustración del elefante y los hombres ciegos. ¿Cómo se utiliza a veces para hablar de las religiones?
2. ¿Qué enseñó Jesús acerca del exclusivismo del cristianismo?
3. ¿Cuál es la actitud de Dios hacia otras religiones reflejada en la Biblia?
4. ¿Cuál es la falacia de usar la ilustración del elefante para mostrar que todas las religiones son legítimas?
5. Describa brevemente las creencias fundamentales de las siguientes religiones:
    a. El animismo
    b. El hinduismo
    c. El budismo
    d. El Islam
    e. El judaísmo
    f. La Nueva Era
6. ¿Cuáles son algunas diferencias importantes entre el cristianismo y otras religiones?
7. Explique la enseñanza bíblica acerca de la Trinidad.

PREGUNTAS PARA REFLEXIÓN

1. ¿Cuáles son las religiones más populares en el contexto en que usted vive? ¿Tiene amigos que creen en otra religión? ¿Qué los llevó a creer en esa religión? ¿Tiene alguna sugerencia acerca de cómo evangelizar a los representantes de tales religiones?

2. ¿Conoce a alguien que cree que no hay problema en aceptar más de una religión? ¿Qué le llevó a pensar así?

3. ¿Puede pensar en otras sugerencias sobre cómo defender el cristianismo frente a otras religiones?

10. LAS PREGUNTAS ACERCA DE LA EVOLUCIÓN Y EL INFIERNO

Considero que los desafíos más grandes para la apologética son las tres preguntas que analizaremos en estos dos últimos capítulos. Probablemente la mayor causa *científica* de duda con respecto al cristianismo provenga de la teoría de la evolución. Por otra parte, las inquietudes teológico-filosóficas más angustiantes probablemente provengan de las preguntas acerca del infierno y el problema del mal.

PREGUNTA #4: ¿QUÉ PENSAR DE LA TEORÍA DE LA EVOLUCIÓN?

¿No comprueba la evolución que la Biblia está equivocada? ¿No comprueba que no es necesario creer en Dios o en la creación?

Durante más de dos siglos la teoría de la evolución ha sido promovida como un hecho comprobado. Sin recibir mucho cuestionamiento, el esquema evolucionista ha sido impuesto sobre todas las disciplinas de estudio. Disciplinas como la lingüística, la psicología, la sociología, la historia, la filosofía, la religión, y prácticamente cualquier otra disciplina, han sido estudiadas a través del lente de la evolución.

La teoría de la evolución ha hecho dudar a muchas personas acerca de la existencia de Dios, incluyéndome a mí, por un tiempo. José Stalin era un estudiante del seminario cuando leyó a Darwin, y decidió que "todo esto acerca de Dios es ridículo". Michael Shermer, director de *Skeptics Society* [Sociedad de Escépticos] y publicador de *Skeptic Magazine*, se consideraba un cristiano por un tiempo, pero cuando estudió la evolución, llegó a ser un defensor convencido del darwinismo.[255]

Desarrollar interés

Conviene conocer el nivel de interés en temas científicos de nuestro amigo, puesto que este debate puede resultar bastante técnico. No queremos aburrirlo con detalles que no le interesen. Sin embargo, quienquiera que sea, lo más probable es que haya aceptado la teoría de la evolución sin cuestionarla. Si es así, pregúntele cómo llegó a creer en esta teoría.

Explicar la fe propia

Es necesario explicar que el tema de la evolución no tiene por qué ser un obstáculo para la fe cristiana. Los dos temas más importantes en este debate son si Dios creó el mundo y si la Biblia contiene errores. Estas son doctrinas básicas en nuestra fe. Sin embargo, aun entre cristianos evangélicos que creen en la Biblia, hay diferencias de opinión acerca de cómo armonizar la evidencia científica con el relato bíblico de la creación.

Lo importante es comunicar a su amigo que creemos que no hay verdaderas contradicciones entre la Biblia y la evidencia científica. Como dice Francis Schaeffer, no hay ningún "conflicto final".[256] Es decir, si entendemos correctamente estas dos formas de revelación, ellas estarán en armonía. No tenemos miedo de la investigación científica, y tampoco tenemos miedo de hacer una exégesis cuidadosa de Génesis.

---

[255] Nancy Pearcey, *Total Truth*, p. 223.
[256] Francis Schaeffer, *No Final Conflict* [Ningún conflicto final] publicado originalmente en 1975, republicado en *The Complete Works of Francis Schaeffer* (Wheaton, Illinois: Crossway, 1984).

Formular respuestas

Como quiera que interpretemos los primeros capítulos de Génesis, la Biblia entera enseña claramente que Dios es el Creador del universo. También indica que el hombre fue creado de una manera especial, a la imagen de Dios, y con el "aliento de vida" que Dios le sopló en él.

Echaremos un vistazo a algunas opciones,[257] comenzando con un breve resumen de las perspectivas presentadas en el libro *Four Views on Creation, Evolution, and Intelligent Design* [Cuatro visiones sobre la creación, la evolución y el diseño inteligente.][258]

1. Creacionismo de una tierra joven (Ken Ham)

Este enfoque es que Dios creó la tierra y el universo ya maduros, con la apariencia de haber existido durante millones o miles de millones de años. Adán fue creado como un adulto y no como un bebé recién nacido. Los árboles y otras plantas también fueron creados como ya crecidos, y lo mismo se aplicaría a toda la creación. Todo se hizo ya maduro con la apariencia de la edad.

Ken Ham considera primero las Escrituras, argumentando que Génesis 1 es historia y que los días son de 24 horas.[259] Cree que la catástrofe global provocada por el

---

[257] El contenido de esta sección que presenta seis opciones es básicamente lo mismo que el capítulo 7 de otro libro del autor, *Integridad Intelectual.*

[258] *Four Views on Creation, Evolution, and Intelligent Design.* [Cuatro perspectivas sobre la creación, evolución, y el diseño inteligente] Copyright © 2017, Ken Ham, Hugh Ross, Deborah B. Haarsma, Stephen C. Meyer, J. B. Stump. Zondervan (Counterpoints: Bible and Theology). Zondervan Academic. Kindle Edition. (Todas las traducciones citadas de *Four Views* han sido hechas por el autor de este libro.)

[259] *Four Views,* pp. 19-22. Vea también: Q&A: "What is Young Earth Creationism (YEC)?" (thirdmill.org)
<https://thirdmill.org/answers/answer.asp/file/46764 >

gran diluvio explica la existencia de fósiles y capas de rocas sedimentarias que dan la impresión de una tierra vieja.[260]

2. Creacionismo de una tierra vieja (Hugh Ross), también llamada la perspectiva del "día-era".

Según este punto de vista, cada "día" de Génesis 1 representa un período de muchos años, en que Dios creaba periódicamente nuevas especies, progresando de lo simple a lo complejo. Al hacerlo, también adaptaba todo para que estuviera en armonía, en relaciones ecológicamente óptimas.[261] Adán y Eva fueron los primeros humanos, no descendientes de los simios. Hugh Ross apela a versículos como el Salmo 90:4 y 2 Pedro 3:8 ("...para el Señor un día es como mil años, y mil años como un día") para mostrar que en la Biblia, un "día" no siempre se refiere a un período de 24 horas.[262]

3. Creación evolutiva (Deborah Haarsma)

Según esta escuela de pensamiento, Dios gobernaba un proceso de evolución gradual para producir diversas formas de vida durante miles de millones de años. Deborah Haarsma apela a figuras importantes como B.B. Warfield y Billy Graham, que al menos estaban abiertas a este enfoque. Sostiene que las capas de hielo de la Antártida apuntan a una edad de 700.000 años y las capas de roca sedimentaria en lagos y océanos apuntan a millones de años. También encuentra pruebas de datación radiométrica de una edad de miles de millones de años en formaciones rocosas en lugares como Groenlandia. Este proceso mide el tiempo por la

---

[260] *Four Views*, p. 27-29.
[261] *Four Views*, pp. 71-73.
[262] *Four Views*, p. 80. Vea también Thirdmill.org: Q&A: "What is the Day Age Theory?" < https://thirdmill.org/answers/answer.asp/file/46769 >

cantidad de desintegración que se ha producido en los átomos radiactivos.[263]

Haarsma hace el siguiente comentario:

> En primer lugar, ¿cómo sabemos que Dios no creó todo hace seis mil años, de una manera que pareciera tener millones de años? La respuesta corta es que no lo podemos saber. No existe una forma científica de distinguir entre un universo antiguo y uno que fue creado para que pareciera antiguo en cada detalle. Sin embargo, existe una profunda diferencia espiritual. Las Escrituras son claras al enseñar que Dios es un Dios de verdad y que los cielos declaran su gloria. La actividad de Dios en el mundo natural nos habla tan verdaderamente como Sus palabras en las Escrituras, y debemos tomarla en serio.[264]

4. Diseño inteligente (Stephen C. Meyer)

Esta opción no es exactamente otra posición sobre cómo armonizar la evidencia científica con el relato bíblico de la creación. Todas las posiciones que creen en la creación también creen que la naturaleza apunta al diseño inteligente. Sin embargo, algunos que se identifican con esta categoría en realidad prefieren ni siquiera hacer un pronunciamiento sobre el relato bíblico. Stephen C. Meyer dice:

> ...La teoría del diseño inteligente no ofrece una interpretación del libro del Génesis, ni postula una teoría sobre la duración de los días bíblicos de la creación o la edad de la tierra. En consecuencia, los defensores del diseño inteligente pueden tener una

---

[263] *Four Views*, pp.134-136.
[264] *Four Views,* p. 134

variedad de posiciones sobre estos temas (o ninguna en absoluto).

...La teoría del diseño inteligente sostiene que hay características reveladoras de los sistemas vivos y del universo – por ejemplo, el código digital en el ADN, los circuitos y máquinas en miniatura en las células, y el ajuste fino de las leyes y constantes de la física – que se explican mejor por una causa inteligente y no por un proceso material no dirigido.[265]

Podríamos añadir dos otras opciones, además de las propuestas en el libro *Four Views*.

5. La teoría de la "brecha"

Un quinto punto de vista es que hubo un largo período de tiempo (una "brecha") entre la creación inicial de Génesis 1:1 y los días en Génesis 1:3-2:3. El versículo dos dice: "La tierra estaba sin orden y vacía", lo que, según ellos, podría traducirse: "Pero la tierra llegó a ser sin orden y vacía". Según esta teoría, la creación original se corrompió durante este primer período de tiempo y fue destruida para poder empezar de nuevo. Este punto de vista se hizo popular en parte debido a las notas de la Biblia de referencia Scofield.[266] Este es el enfoque de Antonio Cruz que explicamos previamente.

6. La teoría del "marco"

Otro punto de vista es que el relato de la creación en el capítulo uno del Génesis no nos da una cronología de

---

[265] *Four Views*, pp. 179-180.
[266] "The Gap Theory (Part A)," *Answers in Genesis*
<https://answersingenesis.org/genesis/gap-theory/the-gap-theory-part-a/ >

eventos, sino más bien un "marco" de la creación, en que los primeros tres días definen los reinos, y los días cuatro a seis describen lo que llena esos reinos. Debe leerse poéticamente, no históricamente. Esta perspectiva podría permitir una variedad de formas de armonizar el relato bíblico con las teorías científicas. Ha sido promovido por teólogos como Meredith Kline y Bruce Waltke.[267]

Preguntas

Todas las opciones arriba nos dejan con preguntas. Primero, para cualquier punto de vista que interprete las narraciones en Génesis 1-2 como poéticas y no históricas, ¿cómo explicaría tantos detalles que parecen históricos? Por ejemplo, el pasaje se repite una y otra vez: "Dios dijo...", y luego sucedió. Además, para cada día dice: "Y fue la tarde y fue la mañana: el _____ día". La narración de la creación de Adán y Eva incluye importantes detalles específicos. Adán fue hecho del polvo de la tierra, a imagen de Dios, y Dios sopló en él el "aliento de vida" y luego le ordenó que cuidara el jardín. Dios dijo que no era bueno que Adán estuviera solo, entonces creó a Eva. Además, la historia de su desobediencia pecaminosa y la Caída son una parte esencial de la historia redentora como se enseña en todas las Escrituras, y supone que fueron personas históricas reales.

En segundo lugar, ¿existe suficiente evidencia fósil de formas transicionales para apoyar la perspectiva de un proceso evolutivo gradual? Algunos dicen que no. [268] Ken Ham cita al evolucionista de Harvard Stephen Gould:

---

[267] Q&A: "The Framework Theory," thirdmill.org: < https://thirdmill.org/answers/answer.asp/file/50377 >

[268] Duane Gish, *Creación, evolución y el registro fósil* (Barcelona: CLIE, 1979) p. 33.

La extrema rareza de las formas transicionales en el registro fósil persiste como secreto de la paleontología. Los árboles evolutivos que adornan nuestros libros de texto tienen datos sólo en las puntas y nudos de sus ramas; el resto es inferencia, por razonable que sea, no evidencia de fósiles.[269]

Otros insisten en que el registro fósil es suficiente para demostrar una evolución gradual. Deborah Haarsma dice: "Lo que alguna vez fue un vacío en el registro fósil ha sido llenado por muchas especies en las últimas décadas".[270]

Gould ha propuesto una nueva versión de la evolución llamada "equilibrio puntuado". Según esta versión de la teoría, las especies mantuvieron un equilibrio durante largos períodos de tiempo y luego experimentaron cambios repentinos. Esto encajaría en el esquema de la teoría del "día-era."

En tercer lugar, aunque la perspectiva del "día-era" es tentadora, ¿por qué no coincide mejor el orden de las etapas de la creación en Génesis con el orden propuesto por los evolucionistas? Por ejemplo, el relato de Génesis afirma que las aves fueron creadas (día 5) antes que los animales terrestres (día 6), mientras que la mayoría de los evolucionistas invertirían el orden.[271]

En cuarto lugar, ¿cómo explican los que sostienen los puntos de vista de la tierra antigua el hecho de que el homo sapiens supuestamente existió mucho antes de Adán y Eva? Estos enfoques son #2 ("día-era") y #3 (evolución divinamente guiada). ¿Por qué la Biblia no menciona esto? De

---

[269] *Four Views*, p. 156.
[270] Four views, pp. 140, 145.
[271] "Evolution vs. Creation: The Order of Events Matters!" Answers in Genesis, < https://answersingenesis.org/why-does-creation-matter/evolution-vs-creation-the-order-of-events-matters/ >

hecho, Génesis parece indicar que Adán y Eva fueron los primeros seres humanos.

En quinto lugar, la teoría de la "brecha" hace surgir la pregunta acerca de la corrupción antes de la Caída. ¿Por qué se corrompió todo? También parece forzar una interpretación poco natural de Génesis 1:2, incluso del resto del capítulo 1. El capítulo parece decir que Dios creó la luz, las plantas y los animales *por primera vez* en esos seis días.

Finalmente, la opción de la tierra joven puede hacernos preguntarnos por qué Dios actuaría de esa manera. A algunas personas les parece engañoso, dejando evidencia confusa. Sin embargo, el gran diluvio podría explicar muchas cosas.

Conclusión tentativa

Aunque ninguna de las opciones está exenta de dudas, y aunque no soy científico, la visión que me parece tener menos problemas es la visión de la tierra joven. Sería difícil demostrar que *no* sucedió así. Como admite Deborah Haarsma: "¿Cómo sabemos que Dios no creó todo hace seis mil años, de una manera que pareciera tener millones de años? La respuesta corta es que no lo podemos saber."

Es especialmente importante mantener la creación milagrosa y directa de Adán y Eva. John Frame dice:

> Dios nos creó directamente por medio de un acto especial. Eso implica que no somos descendientes de animales; no "evolucionamos". Dios hizo al hombre Adán del polvo, y el polvo no cobró vida hasta que Dios sopló el aliento que le hizo hombre. Génesis 2:7 no dice que Dios hizo a un animal del polvo y después convirtió al animal en hombre, sino que Dios hizo un hombre exactamente ahí, en el acto, del polvo. Aún más obvio,

Dios hizo a la mujer por un acto milagroso en Génesis 2:21-22.[272]

La opción de la tierra joven me parece tener más sentido al considerar que toda la creación es interdependiente. El concepto de la "complejidad irreducible" significa que algunas cosas son tan complejas que no funcionan a menos que estén totalmente desarrolladas.[273] ¿No debemos aplicar este mismo concepto a toda la naturaleza? Muchas cosas dependen unas de otras para funcionar correctamente. Cuando una especie está en peligro de extinción, los científicos advierten que la pérdida de una especie puede afectar a muchas otras. Por ejemplo, no podemos vivir sin abejas para polinizar las plantas. Este principio hace que sea fácil creer que Dios haya hecho toda la creación en un estado maduro y desarrollado, y que haya hecho todo cerca del mismo tiempo.

Piense en esto: ¿Qué "edad" tenía Adán en el momento cuando fue creado? ¿Tendría el cuerpo de un hombre de treinta años? Posiblemente. Por lo menos no tenía el cuerpo de un bebé recién nacido. Ahora, si hubiera llegado un minuto después de su creación, ¿cómo calcularía el tiempo de su creación? La evidencia podría hacerle pensar que había sido creado años antes, ¿verdad? Pero en realidad, sólo tendría la apariencia de tanta edad. Piense en las plantas. Adán y Eva necesitaban alimentos, así que Dios tuvo que colocar, no semillas, sino plantas crecidas en el huerto de Edén. Ahora, supongamos que usted llega un minuto después de la creación de las plantas y empieza a examinar un árbol. Si corta el tronco, puede contar los anillos para saber su edad.

---

[272] M. Frame, John. *La salvación es del Señor: Una introducción a la teología sistemática* (Spanish Edition) (p. 164). Poiema Publicaciones. Kindle Edition.

[273] Antonio Cruz, *Sociología; una desmitificación* (Barcelona: CLIE/Logoi, 2001), pp. 210-214.

Usted pensará que el árbol ha crecido durante muchos años, pero solamente tiene un minuto de existencia. Whitcomb y Morris observan que las plantas necesitan químicas que normalmente vienen de un proceso de descomposición y erosión. Por lo tanto, las primeras plantas se habrían alimentado de tierra que tenía la apariencia de mucha edad.[274] Si Dios lo hizo así con Adán y Eva y las plantas, posiblemente lo haya hecho también con todo el resto de la creación. ¿Sería un engaño de parte de Dios? ¡No! Sería completamente apropiado.

Sin embargo, creo que no deberíamos ser dogmáticos al respecto. El tema es muy complicado y requiere mucho estudio. Para propósitos apologéticos, no es necesario tomar una decisión final, sino sólo mostrarle al no creyente que hay varias maneras de armonizar las enseñanzas de la Biblia con la edad aparente de la tierra. Debemos dejar claro que la evidencia científica no refuta la creación divina de ninguna manera. "Por la fe comprendemos que el universo fue hecho por la palabra de Dios, de modo que lo que se ve fue hecho de lo que no se veía." (Hebreos 11:3 RV1995) Nancy Pearcey presenta el siguiente argumento:

> ...Imagine que usted encuentra una gran máquina para crear el universo, con miles de botones, representando la fuerza de gravedad, la fuerza nuclear fuerte, la fuerza nuclear débil, la fuerza electromagnética, la proporción entre la masa del protón y del electrón, y muchas más. Cada botón tiene cientos de posibles valores, y usted puede cambiarlos como quiera — no hay nada para fijar sus valores previamente. Lo que descubrirá es que cada uno de los miles de botones está puesto en exactamente el valor perfecto para que exista la vida. Aun el cambio

---

[274] Whitcomb y Morris, *The Genesis Flood* pp. 232-233.

más pequeño de uno de los botones cósmicos produciría un universo en que la vida es imposible.[275]

Exponer sus presuposiciones

Su amigo puede estar pensando que la ciencia es objetiva y neutral. Puede suponer que las evidencias para la evolución son "hechos". Quizás crea que lo único que existe es materia. Además, en el fondo, está pensando que él puede decidir cuál es la verdad. Descubra su pensamiento.

Notar las inconsecuencias

Puede mostrar a su amigo que si saca a Dios del cuadro, tendrá serios problemas para construir un sistema de verdad. Si insiste en sus presuposiciones, sus propios pensamientos no serán más que una reacción producida por alguna sustancia material, y por lo tanto, no tendrán más significado que el "tic tac" de un reloj, una planta que crece en su jardín, o la bilis secretada por su hígado. No puede hacerse el juez de la verdad, sin terminar con inseguridad o con incongruencia entre su filosofía y el mundo en que vive.

S A Señalar a Cristo

El verdadero problema no es científico, sino espiritual. Hasta que el Espíritu Santo comience a cambiar su corazón, el no creyente resiste reconocer a Dios como su Señor, y buscará razones para evitarlo. Necesita venir a Cristo para pedir perdón y comenzar una nueva vida en relación con su Creador.

---

[275] Nancy Pearcey, *Total Truth*, p. 189.

PREGUNTA #5: ¿CÓMO PUEDE DIOS CONDENAR A LA GENTE?

El principal problema que tuvo Einstein con el cristianismo era que le parecía injusto de parte de Dios castigar a alguien por hacer lo que Él mismo había causado. Por cierto, tenía un enfoque fatalista de la providencia divina. Dijo, "Al dar castigos y premios, estaría de alguna manera juzgándose a sí mismo."[276] Hay otras preguntas relacionadas con el mismo tema: ¿Por qué Dios no salva a todos? ¿Qué pasa con las personas que no han oído de Jesús? ¿Cómo podría Dios condenarlos por no creer en alguien de quien nunca han escuchado? Los escritores del sitio de Web "Perdiendo mi religión" utilizaban este tema como un cuchillo que meten en nuestro costado y le dan vueltas y vueltas. Dicen que Dios es como un padre que le dice a su hijo que si no lo ama ¡lo meterá en el horno![277] Por supuesto, estas son interpretaciones erróneas, distorsiones ofensivas sobre el carácter de Dios. Pero para ser honesto, ¿no luchamos todos con esto a veces?

Ya que esta pregunta está relacionada íntimamente con aquella más amplia relativa al problema del mal, dejaremos algunas de las respuestas para una discusión más larga bajo la próxima pregunta.

Desarrollar interés
Recuerde que no podemos comenzar una discusión acerca de algo tan delicado, sin establecer primero un cierto

---

[276] Einstein, *The World As I See It* [El mundo como yo lo veo] (New York: Citadel Press, 1995), pp. 27-29, citado por Charles Colson en *How Now Shall We Live?* [Y ahora ¿cómo viviremos?] (Wheaton: Tyndale, 1999), p. 207.

[277] He participado en el foro del sitio "Losing My Religion", dando los argumentos presentados en este capítulo, pero ahora el sitio no está activo.

grado de confianza y respeto. Tenemos que ser sensibles, porque nuestro amigo podría estar pensando en alguien que no es creyente a quien ama, o quizás en algún familiar que ya murió. Definitivamente esta pregunta no es teórica.

Explicar su propia fe

La Biblia enseña abiertamente que no todos serán salvos, que los salvos pasarán la eternidad en la presencia de Dios, y que los no salvos irán al infierno, lejos de Su presencia. (Vea por ejemplo Mateo 5:22-30 y Apocalipsis 20:12-15). Tal como no sabemos exactamente cómo será el cielo, tampoco sabemos exactamente cómo será el infierno. Estos dos son reinos cuya descripción va más allá de la comprensión humana. El lenguaje bíblico utiliza conceptos como "fuego", "oscuridad", "llanto", "crujir de dientes", y "destrucción". Si tomáramos demasiado literalmente todos estos términos, algunos resultarían contradictorios. Por ejemplo, el fuego da luz, entonces, ¿cómo podría el infierno ser literalmente fuego y oscuridad al mismo tiempo? Timothy Keller dice que el infierno es "la trayectoria de un alma, que vive una vida ensimismada y egocéntrica, que sigue y sigue para siempre". Y añade: "...El infierno es simplemente la identidad elegida libremente por uno, aparte de Dios.[278] Por lo menos sabemos que significa separación de la presencia de Dios.

Formular las respuestas

Aquí sugeriría que evitemos profundizar demasiado en esta pregunta complicada. Es una de esas enseñanzas que no pueden ser aceptadas hasta que una persona se haya convertido. Prefiero ver esta discusión como una oportunidad perfecta para explicar el evangelio y llevar a una persona a la fe en Cristo. Sin embargo, también podemos ver algunas respuestas que podrían resultar útiles.

---

[278] Timothy Keller, *The Reason for God*, 79, 80 (traducido por el autor).

1. En primer lugar, tenemos que comenzar con otra perspectiva: Nadie merece la salvación. Dios sería justo si condenara a todos. Nadie es inocente, ni las personas que no han escuchado de Jesús. Según Romanos 1-3, todos tienen algún conocimiento de Dios, pero reprimen este conocimiento, deshonran a Dios, y viven de acuerdo con sus deseos pecaminosos.

2. En segundo lugar, para mantenerse justo, Dios debe castigar el pecado. Su carácter no le permite pasarlo sencillamente por alto. ¿No nos parecería incorrecto que Dios no castigara a Satanás? Si Dios salvara a todos, probablemente nos quejaríamos de que hubiera salvado a algunos malvados como Hitler y Stalin.

3. Es importante destacar el hecho de que cualquiera persona que desee ser salva puede ser salva. Apocalipsis 22:17 hace una invitación abierta, " Y el que tiene sed, venga; y el que desee, que tome gratuitamente del agua de la vida." Jesús dice en Mateo 11:28, "Vengan a Mí, todos los que están cansados y cargados, y Yo los haré descansar." El infierno está reservado para los que no desean estar en la presencia de Dios y no quieren pedir Su misericordia.

En su novela, *El gran divorcio*, C. S. Lewis describe a algunos personajes que tienen la oportunidad de subir al bus que va al cielo, pero que deciden no subir. Uno prefiere ser condenado al infierno que ir al cielo con un hombre que había sido asesino.[279] Otro prefiere buscar su propia realización.[280] Esto nos hace recordar al Marqués de Sade, quien prefería ir al infierno en vez de ir al cielo con "criaturas monótonas a quienes se nos presenta como modelos de virtud".[281] Lewis dice,

---

[279] C. S. Lewis, *El gran divorcio* (New York: Rayo/HarperCollins, 2006), pp. 46-51.
[280] C. S. Lewis, *El gran divorcio*, pp. 58-62.
[281] Epílogo de *Las 120 Jornadas de Sodoma*, 1785, escrito desde la Bastilla,

En última instancia no hay más que dos clases de personas: las que dicen a Dios "hágase Tu voluntad" y aquellas a las que Dios dice, a la postre, "hágase tu voluntad". Todos estos están en el infierno lo eligen.[282]

4. Jesús sufrió el infierno en nuestro lugar cuando estaba en la cruz. Cuando clamó: "Dios Mío, Dios Mío, ¿por qué Me has abandonado?" (Mateo 27:46), Él estaba experimentando la ira del Padre para que nosotros no tuviéramos que experimentar el infierno. *Jesús absorbió en Sí mismo el pecado y el mal, como un enorme agujero negro en el universo, que tiene una fuerza de gravedad tan fuerte que atrae todo lo que está quebrado hacia su centro.*

5. Al final, tenemos que confiar en que Dios es santo, justo y soberano, pero también misericordioso, amoroso y misericordioso. Él siempre nos sorprende con su manera de convertir el mal en bien. Él es "poderoso para hacer todo mucho más abundantemente de lo que pedimos o entendemos" (Efesios 3:20). Él "enjugará toda lágrima de sus ojos, y ya no habrá muerte, ni habrá más duelo, ni clamor, ni dolor, porque las primeras cosas han pasado." (Apocalipsis 21:4). Eventualmente todo será maravilloso. John Frame lo pone en perspectiva cuando habla del momento en que veremos a Dios cara a cara: "Veremos una cara de tanta suprema confiabilidad, que todas nuestras quejas desaparecerán."[283]

6. Yo creo firmemente en la predestinación, pero no recomiendo entrar en una discusión sobre un tema tan complicado con alguien que no sea cristiano, si se puede evitar. Como dice la *Confesión de Fe de Westminster*, "La

---

<http://www.gratisweb.com/daf_de_sade/Aportaciones.html> (29 de agosto, 2005)

[282] C. S. Lewis, *El gran divorcio*, p. 91.
[283] *Apologetics*, p. 189.

doctrina de este alto misterio de la predestinación debe tratarse con especial prudencia y cuidado." [284] Recuerde este versículo:

> *Las cosas secretas pertenecen al SEÑOR nuestro Dios, mas las cosas reveladas nos pertenecen a nosotros y a nuestros hijos para siempre, a fin de que guardemos todas las palabras de esta ley.* (Deuteronomio 29:29)

Si alguien realmente insiste, puede leer Romanos 9 con esa persona. Según Pablo, es importante que comprendamos que nuestra salvación depende de la elección soberana y misericordiosa de Dios. Pero también es importante reconocer que cualquiera que venga a Cristo con el deseo de ser salvo será recibido (Apocalipsis 22:17, Mateo 11:28).

Pablo está explicando que podemos tener dificultades para aceptar algunas cosas como la predestinación, pero no tenemos derecho a cuestionar a Dios. "¿Quién eres tú, oh hombre, que le contestas a Dios? ¿Dirá acaso el objeto modelado al que lo modela: 'Por qué me hiciste así?'" (Romanos 9:20). Note que Pablo no siente una necesidad de disculpar a Dios por sus decisiones soberanas, como lo hacemos a veces. Él simplemente explica que necesitamos cambiar nuestra perspectiva. Nosotros somos el barro, y Dios es el alfarero. Dios tiene derecho a hacer lo que quiera con nosotros. Trataremos más sobre este tema en el próximo capítulo.

Exponer sus presuposiciones

Debemos preguntar a nuestro amigo cuál es su base para hacer sus juicios éticos. ¿Por qué una cosa es buena y

---

[284] *Confesión de fe de Westminster*, capítulo III, párrafo 8. Edición de Editorial CLIE, junto con el Catecismo menor, 2000, traducción del Dr. Alonzo Ramírez Alvarado.

otra es mala? ¿Con qué criterio decide que Dios está haciendo algo incorrecto? Veamos cuál es su respuesta final para juicios éticos. Si es consecuente y honesto, tendrá que admitir que él se ha auto-designado como el juez del bien y del mal, y de la verdad en general. Está poniéndose por sobre Dios, su creador, como árbitro. Otros dirán que no existen absolutos, que nadie puede imponer su idea de lo que es correcto o incorrecto.

Notar las inconsecuencias

Si nuestro amigo se establece a sí mismo como juez del bien y del mal, ¿me permitirá hacer lo mismo? Posiblemente diga que sí. En tal caso, podemos hacerle notar que no puede ser que haya dos personas decidiendo sobre estos asuntos. Si yo también puedo decidir lo que es bueno, ¿qué sucede si yo creo que es correcto darle un golpe en la nariz? ¿Cómo podría convencerme de que no es correcto? Probablemente apelaría a algún concepto universal del bien, como la "regla de oro." Pero ¿de dónde proviene ese principio? Si existe algo así, él deja de ser el árbitro.

Si nuestro amigo niega que existan los absolutos éticos, podemos preguntarle cómo es que dice que Dios no *debe* hacer algo. ¿Sobre qué base está emitiendo un juicio ético?

SA Señalar a Cristo

Este delicado tema puede convertirse en una gran oportunidad para hablar del evangelio. En lugar de poner el énfasis en los demás, podemos pedirle a nuestro amigo que piense en sí mismo. ¿Tiene seguridad de su salvación? ¿Le gustaría tenerla? No hace falta que resuelva todas las dudas y conteste todas sus preguntas antes de confiar en el Señor. Puede estar seguro de tener la vida eterna si entrega su mente y corazón a Jesucristo. ¡Que huya a la cruz en búsqueda de perdón y la posibilidad de comenzar una nueva vida!

Piense en una buena ilustración para compartir el evangelio. Nunca olvidaré un conmovedor sermón del reverendo Stephen Smallman, basado en la historia de Barrabás. Era un criminal notorio que esperaba ser sentenciado a muerte. Cuando Pilato preguntó si la multitud prefería dejar en libertad a Barrabás o a Jesús, ellos respondieron: "¡Barrabás!". Entonces, cuando Pilato preguntó qué querían hacer con Jesús, la multitud gritó: "¡Crucifícalo!" Y de nuevo, "¡Crucifícalo!". (Ver Mateo 27:15-26). El reverendo Smallman asumió el papel de este criminal y nos llevó a Jerusalén en nuestra imaginación. "Mi nombre es Barrabás", dijo. "Estaba en la cárcel por haber cometido muchos crímenes, esperando mi sentencia de muerte. Finalmente, escuché a la multitud gritar mi nombre, luego los oí decir: '¡Crucifícalo! ¡Crucifícalo!' Cuando los soldados vinieron a buscarme, ¡supe que era el final! ¡Y sabía que lo merecía! Pero, para mi sorpresa, me llevaron a la puerta de la ciudad y me dijeron que ¡estaba libre y podría irme! Mientras me alejaba de la ciudad, un poco perplejo, miré y vi en el monte Gólgata que otro hombre había sido crucificado. Pregunté quién era, y me dijeron que se llamaba Jesús." Es una historia conmovedora que ilustra el evangelio, que Jesús murió en nuestro lugar y nos ha dejado libres.

DINÁMICA DE GRUPO

1. Usando la pregunta de la evolución, pida que dos personas practiquen la apologética. Una persona debe asumir el papel de un evolucionista, y la otra persona el papel de un cristiano que utiliza el método "DEFENSA" de apologética. Conversen después acerca de cómo mejorar la defensa de la fe.
2. Hagan lo mismo, usando la pregunta del infierno.

PREGUNTAS DE REPASO

1. Explique los diferentes puntos de vista sobre cómo armonizar la enseñanza bíblica de la creación con la evidencia científica utilizada para defender la teoría de la evolución.

2. Explique la perspectiva del autor acerca de cómo armonizar la enseñanza bíblica de la creación con la evidencia científica utilizada para defender la teoría de la evolución.

3. Explique el argumento de la "complejidad irreducible" y cómo podemos usarlo para argumentar en contra de la teoría tradicional de la evolución.

4. Explique los puntos clave de la lección que pueden ayudarnos a abordar la pregunta sobre el infierno.

5. ¿Cuáles son las dos clases de personas, según C. S. Lewis?

6. ¿Qué hizo Jesús para salvarnos del infierno?

7. ¿Cómo se puede usar la pregunta sobre el infierno para presentar el evangelio?

PREGUNTAS PARA REFLEXIÓN

1. ¿Qué opina de la teoría de la evolución? ¿Ha sido esto un obstáculo para su fe en Dios y la Biblia?

2. ¿Cuál de las opiniones de armonizar la Biblia con la evidencia científica utilizada para defender la evolución le parece más convincente? ¿Por qué?

3. ¿Qué enseñanzas de este capítulo le ayudan más a contestar la pregunta acerca del infierno? Explique por qué.

11. EL PROBLEMA DEL MAL

PREGUNTA #6: ¿CÓMO PODRÍA UN DIOS BUENO PERMITIR EL MAL?

No puedo pensar en ninguna pregunta más inquietante que esta, incluso para los cristianos. Es más que una pregunta filosófica; es muy personal y dolorosa. Me pregunto por qué murió mi padre cuando yo tenía diecisiete años. Nos preguntamos por qué Dios permitió el tsunami, el huracán, o el terremoto. ¿Por qué los niños están muriendo de hambre en África? Si Dios es bondadoso y todopoderoso, ¿por qué lo permite? Esta inquietud lleva a algunos a la conclusión de que tal Dios no existe. Probablemente esto sea el desafío más importante para la apologética cristiana.

El famoso filósofo existencialista Albert Camus desarrolló una amistad con Howard Mumma, el pastor de la Iglesia Americana en París. Este pastor escribió un libro con muchos de los fascinantes diálogos que sostuvieron. En cierta ocasión el filósofo le confesó que encontraba que el universo era "absurdo".

> El silencio del universo me ha llevado a la conclusión de que el mundo no tiene sentido. Este silencio aprueba tácitamente los males de la guerra, de la pobreza, y del sufrimiento de los inocentes. He estado inmerso en este sufrimiento y pobreza desde el auge del fascismo y el nazismo de Hitler. Así, ¿qué haces? Para mí, la única respuesta era cometer suicidio, intelectual o físico, o abrazar el nihilismo y seguir sobreviviendo en un mundo sin sentido. ... Mientras en abstracto confiaba siempre en el universo y en la

humanidad, en la práctica mi experiencia me hizo empezar a perder la fe en su sentido. Hay algo que está horriblemente mal. Soy un hombre desilusionado y exhausto. Desde el éxito de Hitler he perdido la fe y la esperanza. ¿Será sorprendente entonces que, a mi edad, esté buscando algo en que creer? Perder la vida es una cosa pequeña. Perder el sentido de la vida, observar que se desaparece la razón, es insoportable. Es imposible vivir una vida sin sentido.[285]

¿Qué le podríamos decir a Camus?

Desarrollar interés

Debemos tener el cuidado de mostrar sensibilidad frente a las experiencias dolorosas que algunos han tenido, no tratar el tema de una manera fría y abstracta. Muchas personas han sufrido alguna tragedia, y es difícil hablar del asunto. Han perdido a un ser querido, o sufrido un divorcio o alguna enfermedad. Sin embargo, si nos ganamos su confianza, van a apreciar la oportunidad de hablar de sus luchas más profundas. Deje que hablen y que expliquen cómo esto llegó a afectar su fe en Dios. No los juzgue; trate de mostrar comprensión. No es nuestra responsabilidad satisfacer completamente las inquietudes del no-creyente. Tampoco podemos consolarlo totalmente por alguna tragedia. Sin embargo, podemos mostrar que nos importa lo que le ha pasado.

Explicar la fe propia

Debemos estar dispuestos a compartir nuestras propias tragedias. Seamos honestos en cuanto a nuestras dudas y

---

[285] Howard Mumma, *Albert Camus and the Minister* [Alberto Camus y el ministro] (Brewster, Massachusetts: Paraclete Press, 2000), pp. 13-14. Traducción del autor.

nuestras luchas. No obstante, no dejemos a nuestro amigo sin esperanza. Expliquémosle que, a pesar del hecho de que no tenemos todas las respuestas, todavía confiamos en Dios y creemos que Él está haciendo lo que es mejor.

Formular las respuestas

Hay muchas maneras de contestar esta pregunta. Posiblemente ninguna satisfaga al no creyente totalmente. Sin embargo, es importante reflexionar sobre el tema y estar preparado para ofrecer un enfoque bíblico. Por lo menos podemos ayudarle a ver que este "problema" no es tan insuperable como pensaba, y que no debe ser una razón para no creer en Dios. Veamos algunas ideas que podrían ayudar.

1. El hombre causó el problema.
Primero, debemos explicar que Dios hizo todo bueno, incluso muy bueno, y el sufrimiento es resultado del pecado humano.

Dios vio todo lo que había hecho; y era bueno en gran manera. (Génesis 1:31)

Dios no creó el mal, no es culpable del mal. Fue la decisión del hombre mismo lo que trajo la corrupción (Génesis 3:6-10). La palabra *Caída* parece muy pequeña para describir lo que sucedió en ese momento. Causó la muerte para todo y rompió todas las relaciones. Génesis 3:7-19 relata las consecuencias del pecado: El hombre se esconde de Dios y tiene vergüenza de sí mismo. Las personas empiezan a culpar a los demás. Sufren dolor y trabajan con sudor. Hay enfermedades y sufrimiento. La muerte es inevitable. Todas las relaciones están rotas: entre el hombre y Dios, entre el hombre y su prójimo, entre el hombre y la naturaleza, y entre el hombre y su propio corazón. El mal es como una enfermedad de la creación; no es parte de la creación misma.

2. Dios dio libertad al hombre para tomar decisiones.

Después de explicarle que el hombre creó el problema, su amigo podría preguntar por qué Dios no hizo que al hombre de una manera que era incapaz de pecar. No podemos decir que haya sido *imposible* para Dios hacer al hombre sin la libertad de obedecer o desobedecer, pero creo que podemos mostrar que *no quiso hacerlo*. Es peligroso especular acerca de los propósitos divinos, sobre todo cuando la Biblia no los revela explícitamente (Deuteronomio 29:29). No obstante, hay suficiente enseñanza en la Biblia acerca del carácter de Dios para permitirnos suponer que *no quería* recibir el amor del hombre de una manera forzada, sino de una manera voluntaria, del corazón. La historia de Job apoya esta idea. Cuando Satanás se acercó a Dios, le insultó diciendo que Job le servía solamente por los beneficios que recibía. Esto desagradó al Señor, y permitió que Satanás le hiciera sufrir para probarlo (Job 1). Yo concluyo que Dios desea la fidelidad que nace del corazón.

Además, piense en esto: ¿cómo habría sido el hombre sin libre albedrío? Quizás como una máquina, o quizás como un animal ignorante, sin la capacidad de razonar y tomar decisiones morales. No habría sido la imagen de Dios. Como sugiere C. S. Lewis, Dios podría haber hecho nuestros cerebros de una manera tal que se rehusaran a funcionar cuando empezáramos a tener un mal pensamiento. Pero esto no habría sido libertad. Obediencia programada e inevitable no habría sido lo mismo que fidelidad por amor.

¿Qué del mundo espiritual antes de la creación del hombre? Alguien podría preguntarnos por qué Dios permitió la caída de Satanás. Las Escrituras indican que Satanás era un ángel que se rebeló y cayó, junto con un grupo de otros ángeles rebeldes (Isaías 14:12 y Apocalipsis 12:9). La respuesta para esta pregunta es básicamente la misma que hemos dado con respecto al hombre. Dios era el mismo antes de la creación: tampoco quería que estos espíritus lo adoraran de una manera forzada e inevitable.

3. El plan de Dios es perfecto.

La manera en que la historia ha sucedido (y seguirá desarrollándose) es la mejor manera de cumplir Su voluntad. Tendremos que confiar en Él para eso. Me hace pensar en la oración de Jesús en Getsemaní, antes de Su crucifixión: "Padre Mío, si es posible, que pase de Mí esta copa; pero no sea como Yo quiero, sino como Tú quieras" (Mateo 26:39). Lo mismo se puede aplicar a la pregunta de por qué Dios permitió que el mal entrara en el mundo. Tenemos que confiar en Él y aceptar que era el mejor plan. Isaías nos recuerda que nuestra comprensión de las cosas de Dios es muy limitada:

> *Porque Mis pensamientos no son los pensamientos de ustedes, Ni sus caminos son Mis caminos, declara el SEÑOR. Porque como los cielos son más altos que la tierra, Así Mis caminos son más altos que sus caminos, Y Mis pensamientos más que sus pensamientos.*
> (Isaías 55:8-9)

Deberíamos pensar en el tiempo y la historia como una sola unidad en que nada puede ser cambiado sin arruinar el resultado final. Einstein dijo, "El pasado, el presente, y el futuro son ilusiones, aunque bastante porfiadas".[286] Algunos científicos ahora están diciendo que el tiempo constituye un paquete completo. Paul Davies, físico australiano, dice

---

[286] Citado en Paul Davies, "That Mysterious Flow" [Ese flujo misterioso], *Scientific American*, Septiembre, 2002, p. 41.

La conclusión más segura es que tanto el pasado como el futuro son fijos. Por esta razón, los físicos prefieren hablar del tiempo como un todo extendido (lo cual sugiere un mapa del tiempo, similar al de un mapa geográfico) con todos los eventos del pasado y del futuro ubicados juntos. Esta es una noción llamada a veces el bloque de tiempo. En esta descripción de la naturaleza está absolutamente ausente cualquier idea que separe un momento privilegiado como el presente, o cualquier proceso que cambiara los eventos futuros en eventos del presente, y finalmente en eventos del pasado. En breve, los físicos no aceptan el fluir o pasar del tiempo.[287]

¡Increíble! Esto tiene sentido, especialmente cuando pensamos en Dios. Él es el único que comprende el tiempo y el espacio. Él puede ver cómo todo armoniza, pasado, presente, y futuro. Para el hombre, el tiempo es relativo; para Dios, Él es el punto de referencia para todo. Esto le da un nuevo significado al versículo de 2 Pedro que citamos previamente: "Pero, amados, no ignoren esto: que para el Señor un día es como mil años, y mil años como un día." (2 Pedro 3:8)

Esto apunta al hecho profundo de que, tal como toda la naturaleza es interdependiente, también son los momentos de la historia. Todos los *eventos* están interconectados, y solamente Dios ve el cuadro completo. El sistema solar no se mantiene si no están funcionando correctamente todas las piezas. De una manera semejante, los momentos de tiempo están interdependientes, y solamente Dios ve el cuadro completo. No se puede modificar nada sin que se destruya el final perfecto. Aun los eventos que parecen malos son parte del plan soberano de Dios. El mejor ejemplo es la crucifixión

---

[287] Paul Davies, "That Mysterious Flow," p. 42.

de Cristo. Desde una perspectiva, fue el acto más malvado de todos los tiempos (Hechos 2:23; 4:25–27). Pero desde otra perspectiva, fue un evento maravilloso, esencial para nuestra salvación (Hechos 2:23; 4:28). Me gusta la conocida ilustración del tapiz tejido. Nosotros lo vemos al revés, con los nudos e hilos colgando, y no vemos la belleza de la obra de arte. Dios ve el diseño desde arriba, perfecto y hermoso. Él establecerá un reino perfecto de justicia, paz y gozo (Romanos 14:17; Apocalipsis 21-22), y sólo Él sabe cuál es la mejor manera de lograrlo.

4. Para realizar Su plan perfecto, Dios convierte todo en bien.

Para cristianos, Dios convierte todo lo que sucede, aun cosas malas, en algo bueno. El capítulo ocho de Romanos lo explica claramente. Pablo muestra que el propósito de Dios es que lleguemos a ser como Su Hijo. No promete prosperidad material, ni alivio del sufrimiento, pero sí promete bendiciones espirituales.

Y sabemos que Dios hace que todas las cosas ayuden para bien a los que le aman, esto es, a los que son llamados conforme a su propósito. (Romanos 8:28 RVR60)

Podemos aplicar este mismo principio a toda la historia. Hay una escena de la trilogía de Tolkien, *El Señor de los Anillos*, en la que alguien descubre que su amigo no está muerto como había pensado, sino vivo. Luego pregunta: "¿Todo lo triste va a volverse falso?"[288] Aunque no lo expresaría exactamente así, la pregunta despierta mi imaginación sobre cómo nos sentiremos cuando termine la guerra contra el mal y comience la nueva época eterna.

---

[288] Citado por Timothy Keller en *The Reason for God*, p. 33.

Podemos estar seguros de que Dios hará que todo termine bien. Él "enjugará toda lágrima" y pondrá fin a la tristeza (Apocalipsis 21:4). Al final todo será más alegre de lo que podemos imaginar.

La existencia del sufrimiento no niega el hecho de que Dios pueda ser todopoderoso (omnipotente) y perfectamente bueno (omnibenevolente) al mismo tiempo. Como dijo Agustín, Dios no permitiría nada malo que no pueda convertir en algo bueno.[289]

5. Parte del plan perfecto incluye el proceso en que luchamos en contra del pecado y sus efectos.

¿Alguna vez se ha preguntado por qué Dios no nos santifica inmediatamente después de nuestra conversión? Aparentemente, Dios deseaba que la santificación fuera un *proceso*, no algo que Él solamente agregara al hombre inmediatamente. Según las Escrituras, debemos aprender a *luchar* en contra del pecado. Se nos dice que debemos vestirnos de "toda la armadura" de Dios, que debemos "estar firmes contra las asechanzas del diablo" y que "nuestra lucha no es contra sangre y carne, sino contra ...las fuerzas espirituales de maldad en las regiones celestes" (Efesios 6:12). Llegamos a ser más como Jesús al luchar en contra del pecado. Él fue tentado en todo como nosotros, pero no pecó (Hebreos 4:15). Jesús fue un *guerrero* (Apocalipsis 19:11-15). De modo que también debemos aprender a ser guerreros, luchando espiritualmente contra el pecado y contra Satanás. Ganamos algo en este proceso que no ganaríamos si la santificación fuera algo que Dios entregara en forma inmediata después de convertirnos. Aprendemos algo del Señor que no aprenderíamos de otra manera.

---

[289] Augustine, *Enchiridion*, 3, Confessions and Enchiridion, p. 342.

6. Dios resuelve el problema del mal en Cristo.

Desde el comienzo de la historia, Dios no ha hecho más que intervenir para resolver el problema. Para conquistar el mal no retuvo ni lo más preciado que tenía, Su propio Hijo. *Jesús destruye el mal cuando hace que el mal caiga sobre Sí Mismo.*

Recuerdo un video conmovedor de un hombre en el bosque rodeado de gente que le entregaba objetos de las bolsas que llevaban. Él llena su enorme bolsa con los artículos hasta que es muy pesada y difícil de cargar. La arrastra lentamente hacia un río, se adentra más y más en las aguas profundas arrastrando el peso consigo, hasta que finalmente desaparece. La música dramática continúa, mientras esperamos y esperamos, hasta que finalmente nos damos cuenta de que se ha ahogado, llevando consigo las cargas de todos los demás, dejándolos libres. Cuando estamos luchando para asimilar esto, ¡de repente salta del agua cerca del otro lado del río, sin la bolsa pesada! ¡La música ahora es majestuosa y nuestra tristeza se convierte en alegría! ¡Está vivo de nuevo, victorioso! ¡Qué manera tan maravillosa de explicar lo que Jesús ha hecho por nosotros! ¡Invite a su amigo a entregarle a Jesús sus pecados, sus dudas y todo lo que le pesa!

7. Dios hace todo para Su propia gloria.

No hemos terminado de contestar esta pregunta hasta que volvamos a la gloria de Dios como Su motivo final para todo lo que hace. Cuando era un niño, recuerdo que escuchaba en la iglesia que Dios hacía todo para Su propia gloria. Un día pregunté a mi madre, "¿Por qué está bien que Dios haga todo para Su gloria, pero no está bien cuando yo hago algo para mi propia gloria?" Ella pensó un momento, y contestó simplemente, "Supongo que es porque Él es Dios." Todavía no puedo pensar en una respuesta más acertada.

Creo que esto es una de las pruebas más definitivas de un cristiano. El cristiano puede aceptar que Dios hace toda para Su gloria, pero el no cristiano no quiere aceptarlo todavía. En el momento de entregar su corazón a Cristo, una persona está dispuesta a vivir su propia vida para la gloria de Dios, y también aceptar que Dios haga todo para Su gloria.

Cuando los discípulos preguntaron a Jesús acerca del ciego, Él explicó que había nacido ciego para manifestar "las obras de Dios" (Juan 9:3). Cuando murió Lázaro, Jesús dijo que había sucedido para la gloria de Dios.

> *Cuando Jesús lo oyó, dijo: "Esta enfermedad no es para muerte, sino para la gloria de Dios, para que el Hijo de Dios sea glorificado por medio de ella."* (Juan 11:4)

Cuando se abren los cielos en el libro de Apocalipsis, vemos el propósito final de toda la creación.

> *Digno eres, Señor y Dios nuestro, de recibir la gloria y el honor y el poder, porque Tú creaste todas las cosas, y por Tu voluntad existen y fueron creadas."* (Apocalipsis 4:11)

En la oración íntima de Jesús en Juan 17, se revela el motivo para todo lo que hace.

> *Estas cosas habló Jesús, y alzando los ojos al cielo, dijo: "Padre, la hora ha llegado; glorifica a Tu Hijo, para que el Hijo te glorifique a Ti."* (Juan 17:1)

En resumen, el mal existe porque Dios en Su sabiduría permite que exista. Por supuesto que Dios no tiene nada malo en Su naturaleza, y no fue malo permitir que exista el mal. Pero concuerda perfectamente con Su naturaleza que Él permitiera que el mal exista para un propósito bueno. Él decidió dar libre albedrío al hombre y permitir una lucha entre el bien y el mal. Él triunfó como el Salvador en la persona de Jesús, quien murió por nosotros en la cruz y resucitó. Él convertirá todo en un buen final, estableciendo Su reino eterno de justicia, paz, y gozo. Todo lo tiene bajo Su control, y Él realizará Su plan perfecto para Su gloria.

Sugerencias prácticas sobre cómo responder al sufrimiento

Me gustaría agregar algunas sugerencias prácticas sobre cómo responder al sufrimiento. Me siento incómodo con los comentarios que a veces escucho cuando ocurren tragedias. Recuerdo que cuando el huracán Katrina hizo tanto daño en Nueva Orleans, algunas personas dijeron que Dios estaba castigando a la ciudad. Comentarios similares se hicieron después de los ataques terroristas del 11 de septiembre de 2001. Lamentablemente, algunas personas asumen que están siendo castigadas cuando hay una enfermedad o muerte en la familia.

1. Normalmente no podemos estar seguros cuál es el propósito de Dios en algún sufrimiento particular.

Como se mencionó anteriormente, sabemos Dios encamina todo para nuestro bien (Romanos 8:28). Utiliza nuestro sufrimiento para formar nuestro carácter y hacernos más como Cristo. Dios puede usar el sufrimiento para disciplinarnos, pero no debemos considerar esto un castigo de retribución o venganza. Dios lo hace como un padre amoroso por nuestro propio bien (Hebreos 12:5-11).

Sin embargo, no podemos siempre saber cuál es Su propósito específico en un caso particular. Este es la lección del libro de Job. Él era un hombre justo, pero Dios permitió que Satanás lo afligiera para probar su fidelidad. Perdió sus posesiones, su familia, y su salud, y él quería saber por qué.

Dios aparece a Job al final del libro (Job 38-41), pero no le contesta la pregunta de la manera en que Job esperaba, sino que le hace algunas preguntas acerca de la creación: ¿Dónde estabas cuando yo fundaba la tierra? (38:4) ¿De dónde viene la luz?[290] (38:19) ¿Qué quiso decir el Señor con todas estas preguntas? Sólo quiso poner a Job en su lugar, recordándole que Él era su creador. Esto nos recuerda de la exhortación de Pablo en Romanos 9:19-21. Hay muchas cosas que no entendemos, por lo tanto, ¡no debemos sorprendernos cuando tampoco entendemos por qué estamos sufriendo! Solo tenemos que confiar en Dios y creer que está haciendo lo que es mejor.

2. Los eventos pueden tener múltiples actores.

No sólo Dios está soberanamente involucrado en los acontecimientos, sino que nosotros podemos estar involucrados, otras personas pueden estar involucradas, e incluso Satanás. Podemos ser responsables de parte de nuestro propio sufrimiento. Si me emborrachara, ¡no debería culpar a Dios por mi dolor de cabeza en la mañana! A veces otras personas causan nuestro sufrimiento, como en el caso de José cuando sus hermanos lo vendieron como esclavo (Génesis 37:18-36). Además, aunque debemos evitar atribuir demasiado poder a Satanás, sabemos que él lucha constantemente para destruir los propósitos de Dios. 1 Pedro 5:8 dice que Satanás "anda al acecho como león rugiente, buscando a quien devorar."

Cada uno de estos posibles actores puede tener una intención distinta. El Señor siempre tiene un buen propósito en todo, y Satanás siempre tiene un mal propósito. Nosotros y otras personas tenemos una mezcla de motivos, tanto buenos como malos.

---

[290] No estoy citando la Biblia exactamente con estas frases, sino haciendo un resumen de las ideas en mis propias palabras.

Además, la Biblia también enseña que Dios puso en marcha muchas cosas para seguir los patrones que les dio. Dios le habla a Job sobre las "ordenanzas de los cielos" (Job 38:33). Por ejemplo, Dios colocó los planetas en sus órbitas, estableció la ley de la gravedad, las características del crecimiento de las plantas y los animales, y el comportamiento del tiempo.

Los teólogos hacen una distinción entre la providencia directa de Dios y su uso de "causas secundarias" o "medios". El clima, por ejemplo, normalmente sigue los procesos físicos que Dios estableció en la creación. Lo mismo puede decirse de las leyes naturales relacionadas con nuestra salud.

> En su ordinaria providencia, Dios hace uso de medios; sin embargo, es libre de obrar sin ellos, sobre ellos, y contra ellos, según le plazca. (*Confesión de fe de Westminster*, capítulo V, sección III).[291]

Como dice la *Confesión*, esto no contradice la enseñanza bíblica de la completa soberanía de Dios. A veces Dios interrumpe las "leyes naturales"; interviene cuando quiere y cambia los patrones normales. Puede detener el tiempo, calmar tormentas, contener océanos y enviar fuego para quemar ciudades enteras. Normalmente, sin embargo, permite que las cosas sigan sus patrones de conducta. En cierto modo, esto quiere decir que puede haber todavía otro "actor" en algunos acontecimientos.

Por lo tanto, cuando alguien pregunta: "¿Quién causó este sufrimiento?", debemos tener cuidado al responder. Si un hombre salta desde el tejado de un edificio de diez pisos, no diríamos que Dios lo hizo saltar o que Dios lo arrojó al suelo. Dios no es el "autor" del pecado (Santiago 1:13). Este hombre probablemente se ha desanimado por causa de

---

[291] Edición del editorial CLIE, 2000.

algunas malas experiencias que no son todas su culpa, luego tomó una mala decisión de quitarse la vida, y la gravedad lo arrastró al suelo. Es complicado, y por eso debemos evitar respuestas insensibles y simplistas.[292]

3. Nuestra reacción al sufrimiento puede ser compleja.

Alguien podría preguntar: "Si el sufrimiento viene de la caída, pero Dios lo encamina para bien, ¿cómo deberíamos reaccionar? La historia de José en Génesis ilustra cómo debemos considerar tanto los efectos del pecado como la soberanía de Dios. Sus hermanos lo habían traicionado, vendiéndolo como esclavo. No obstante, Dios utilizó a José en Egipto para almacenar trigo y salvar la vida de muchas personas durante un tiempo de hambre, incluyendo a su propia familia. Cuando José se revela a sus hermanos, él no descartó su pecado, pero tampoco se olvidó del propósito divino. Dijo,

Vosotros pensasteis hacerme mal, mas Dios lo encaminó para bien. (Génesis 50:20 RVR60)

Tal como tenemos una mezcla de emociones en muchas circunstancias, también podemos tener una mezcla de reacciones frente al sufrimiento. Al lanzarse al agua, la joven Joni Eareckson cayó sobre una piedra, rompiéndose el cuello y quedando paralizada desde el cuello hasta los pies.[293] Ella preferiría ser sanada. No tiene problema en admitir que después de pensar que el Señor la iba a sanar en varias ocasiones, ha sentido una gran desilusión. Pero ha aprendido a aceptar su condición y dar gracias al Señor por haberla convertido en una bendición.

---

[292] Vea la *Confesión de fe de Westminster*, III.1.
[293] Joni Eareckson, *Joni, la inolvidable historia* (Miami: Vida, 1977).

De nuevo, el mejor ejemplo es Jesús. Aunque no disfrutaba de antemano la cruz con ingenua alegría, la Biblia dice que "por el gozo puesto delante de Él, soportó la cruz". (Hebreos 12:2)

Exponer sus presuposiciones

Hay muchas presuposiciones erróneas acerca del problema del mal. Por ejemplo, Einstein entendió el enfoque cristiano de la providencia como si se tratara del enfoque musulmán, es decir, sin tomar en cuenta el libre albedrío. Otros suponen que el mal es parte de la creación.

Pero hay otras presuposiciones que normalmente no tomamos en cuenta. Por ejemplo, el no creyente supone que tiene el derecho a juzgar las decisiones de Dios. También piensa que, si un cristiano no puede contestar tan solo una pregunta satisfactoriamente, el cristianismo entero ha sido destruido. Sin embargo, según nuestro enfoque, no tenemos ningún problema en reconocer que no tenemos respuestas totalmente satisfactorias para todo. Podemos ofrecer respuestas muy buenas, pero como seres humanos, estamos limitados, y jamás veremos el cuadro completo sin que permanezca algún misterio. Sólo Dios lo sabe todo.

Notar las inconsecuencias

No podemos trasladarnos al esquema de pensamientos del no creyente y aceptar sus postulados. Sin embargo, podemos razonar con él y mostrarle que, si sus presuposiciones fueran correctas, estas conllevarían contradicciones. Por ejemplo, si su cosmovisión no incluye principios morales absolutos, ¿cómo puede juzgar a Dios por el mal que existe?

Podemos desafiar a nuestro amigo a dar sus propias explicaciones para la existencia del mal, dentro de su esquema. Por ejemplo, si la evolución es verdad, ¿de dónde viene el mal? ¿Cómo es que las cosas se pusieron en conflicto entre ellas en un proceso netamente natural? O quizás no sea consecuente hablar de bien y de mal. Si la teoría de Darwin sobre la supervivencia del más fuerte es cierta, ¿por qué estaría mal matar a otra persona?, por ejemplo. Si Hegel tiene razón acerca de la dialéctica, ¿cómo es posible que el gran espíritu se vuelva en contra de sí mismo? ¡Sería como una planta que empieza a estrangularse a sí misma! El dualismo postula que el bien y el mal siempre existieron. Pero en el fondo, el dualismo borra la distinción entre el bien y el mal. Y si Dios no existe, ¿por qué una de estas dos tendencias es mejor que la otra? Como dice la canción, "Mi Yin toca mi Yang, pero ¿qué diablos vas a hacer?"[294] Solamente el cristianismo explica el problema del mal, y solamente el cristianismo ofrece la solución.

Finalmente, ¿qué del "problema del bien"? En algún momento de la conversación acerca del problema del mal, debemos recordar a nuestro amigo que también hay un "problema del bien". Mientras el no creyente nos pide explicaciones por la existencia del mal en nuestro sistema, también podemos pedirle a él explicaciones para la existencia del *bien* en su esquema. En otras palabras, si Dios no existe, y si todo solamente llegó a existir por casualidad, o a través de un proceso impersonal, ¿cómo podemos explicar el amor y el gozo?

SA *Señalar a Cristo*

Toda teología se resuelve en Cristo, y la explicación para el problema del mal también se encuentra en Él. *Dios destruye el mal cuando Cristo sufre en la cruz. Dios soluciona el problema del mal cuando permite que el mal vuelva en contra de Sí Mismo en la persona de Su Hijo.*

Uno de mis pasajes favoritos de las Crónicas de Narnia por C. S. Lewis is la escena donde Jill se encuentra con Aslan

---

[294] Grupo 311, «Plain».

el león a la orilla del estero. Ella necesita agua, pero tiene miedo del león. Cuando decide buscar otro estero, Aslan le dice, "No hay otro estero."[295]

Dios es soberano, y no está obligado a hacer las cosas como nosotros pensamos que debe hacerlas. Tampoco promete contestar todas nuestras preguntas. Sin embargo, no hay otro lugar para encontrar la vida eterna. No hay otro Dios, y sin él, moriremos. Su poder y Su control absoluto nos asustan, pero sabemos que podemos confiar en Él.

En una conferencia de InterVarsity (Grupos Bíblicos Universitarios) en Urbana, Illinois, escuché uno de los mejores sermones que recuerdo en mi vida. Dr. Edmund Clowney nos guió a través de la historia del sufrimiento humano, deteniéndose después de cada descripción para preguntarnos lentamente y con angustia, "¿por qué?" Al llegar el final del mensaje, estábamos todos a punto de llorar, sentados en el borde del asiento esperando la respuesta a estos por qué. Entonces nos hizo mirar a Jesús diciendo, "Toma todos tus '¿por qué?', tíralos al pie de la cruz, y permanece allí para escuchar a Jesús preguntar, '¿por qué?', 'Dios mío, Dios mío, ¿por qué me has desamparado?' Jesús entiende tus luchas y sufrió en tu lugar para aliviar tu dolor. ¡Permítele hacer la pregunta por ti!" Créanme, si no hubiera sido cristiano, ¡me habría entregado al Señor en ese momento! ¡Entreguemos todas nuestras dudas al Señor, porque Él es digno de plena confianza!

Haga un repaso una vez más de los puntos principales del enfoque apologético del libro:

---

[295] *The Silver Chair* [La silla de plata] capítulo 2, traducido por el autor.

PRINCIPIOS PARA LA APOLOGÉTICA

1) Dios ha hecho al hombre a Su imagen, le ha revelado Su existencia, y le ha revelado Su ley moral.
(Génesis 1, Romanos 1-2)

2) Pero el no creyente ha rechazado a Dios y Su revelación, y pretende ser independiente de Dios.
(Génesis 3, Romanos 1-3)

3) Este rechazo de Dios y Su Palabra inevitablemente resulta en que el no creyente no pueda estar seguro de lo que cree y no pueda vivir en armonía con el mundo que le rodea.

4) La única manera de estar seguro de la verdad y vivir en armonía con el mundo es volver a Dios, creer en Cristo, y someterse a la revelación de Dios como su fuente de verdad y moralidad.

DOS CITAS NOTABLES PARA SU MEDITACIÓN

C. S. Lewis

"Según la explicación cristiana, Dios desciende para ascender. Él baja; baja desde las alturas de su ser absoluto al tiempo y al espacio, baja a la humanidad... Pero baja a lo profundo para surgir de nuevo y levantar a todo el mundo arruinado hacia arriba con Él. Se nos presenta como la figura de un gigante agachándose y agachándose hasta introducirse debajo de una inmensa y complicada carga. Tiene que agacharse para conseguir levantar, tiene que casi desaparecer bajo el peso antes de enderezar increíblemente sus espaldas y marchar adelante con toda la carga colgada de sus hombros. O se podría imaginar a un buceador, primero despojándose de todo hasta la desnudez, después como una centella en medio del aire, después desapareciendo en una salpicadura hasta perderse en la profundidad surcando por aguas verdes cálidas hasta las negras aguas frías, y bajar, aguantando la presión en aumento, hasta las regiones muertas de fango, lodo y ruina; después, arriba de nuevo de vuelta al color y a la luz, sus pulmones a punto de estallar, hasta que de pronto rompe la superficie mientras aprieta en su mano goteando el objeto precioso que bajó a recobrar. Él y el objeto se colorean de nuevo ahora que han irrumpido en la luz; abajo en lo profundo donde el objeto yacía incoloro en la oscuridad él había perdido también el color."

C. S. Lewis, *Los milagros* (Nueva York: Rayo/HarperCollins, 2006), pp. 177-178.

Charles Spurgeon

"Desde la tierra, los planetas parecen moverse de una manera muy irregular—se mueven hacia adelante, hacia atrás, o se quedan sin moverse; pero si pudieras pararte sobre el sol, podrías ver que se mueven alrededor de una manera constante, uniforme, y circular. Así es con el conocimiento. Si comienzas con cualquier otra ciencia, la verdad parece desordenada. Pero si comienzas con la ciencia de Cristo crucificado, es como comenzar desde el sol, y verás que todas las demás ciencias se mueven alrededor de ella en completa armonía. La mente más inteligente del mundo será desarrollada si comienzas en el lugar correcto. El dicho antiguo es, 'Sube desde la naturaleza hacia el Dios de la naturaleza'. Pero es mucho trabajo subir la montaña. Lo mejor será bajar desde el Dios de la naturaleza hacia la naturaleza. Si llegas al Dios de la naturaleza, y crees en Él y lo amas, será sorprendente ver lo fácil que será escuchar la música en las olas, captar las canciones en los susurros del viento, ver a Dios en cada lugar, en las piedras, en las rocas, en el rizo de los esteros, escucharlo en el mugido de las vacas, en las réplicas del trueno, y en la furia de las tempestades. Cristo es para mí la sabiduría de Dios. Puedo aprender todo, ahora que conozco la ciencia de Cristo crucificado."

C.H. Spurgeon, *Autobiography* [Autobiografía], vol. 1, *The Early Years* (Edinburgh: Banner of Truth Trust, 1973), 108-109. Traducido por el autor.

DINÁMICA DE GRUPO

Usando la pregunta acerca del problema del mal, practiquen la apologética entre dos personas. Después, conversen acerca de cómo el cristiano podría mejorar su defensa de la fe.

PREGUNTAS DE REPASO

1. Explique las respuestas sugeridas por el autor con respecto al problema del mal.
2. Según el autor, ¿por qué Dios no quiso crear al hombre de una manera que no pudiera pecar?
3. ¿Cómo resuelve Dios el problema del mal en Cristo?
4. ¿Cuál es el "problema del bien"?
5. ¿Cuál es el motivo de Dios para todo lo que hace?
6. Explique las sugerencias del autor sobre cómo responder al sufrimiento.
7. ¿Qué nos enseña el libro de Job acerca de comprender los propósitos de Dios en nuestro sufrimiento?
8. Según el sermón de Dr. Edmund Clowney, ¿qué debemos hacer con nuestras preguntas acerca de por qué Dios permite el mal?
9. Anote los cuatro puntos que hacen un resumen del libro.

PREGUNTAS PARA REFLEXIÓN

1. ¿El problema del mal ha sido una causa de dudas en su vida? ¿Cómo ha buscado resolver esas dudas?
2. ¿Hay algo en este capítulo que le ha ayudado a contestar la pregunta acerca del problema del mal? Explique.
3. ¿Usted ha llevado sus preguntas e inquietudes que le causan dificultad a la cruz de Cristo?

APÉNDICE: CARTA A MI MÉDICO

Doctor C_____,[296]

1. Tal como se sabe, *El código Da Vinci*[297] es ficción. Aunque Brown dice al principio del libro, "todas las descripciones del arte, arquitectura, documentos, y ritos secretos en esta novela son precisas", no pretende proponer una defensa seria de la idea de que Jesús tuvo un bebé con María Magdalena, que sus descendientes han continuado hasta hoy, que los documentos originales del Nuevo Testamento no enseñaron la divinidad de Jesús, que las copias más fieles fueron destruidas y reemplazadas por otros que habían sido modificados para enseñar esta doctrina, y que la Iglesia ha estado encubriendo estas cosas durante dos mil años, tal como cuenta su novela.

Aunque encontré fascinante la lectura, mi problema es la manera en que mezcla sin cuidado los hechos con la ficción, dejando confundido al lector. Yo puedo distinguir mejor las fantasías relacionadas con la Biblia y la historia de la Iglesia, pero me encontré inseguro acerca de otras cosas como las obras de arte y la vida de Leonardo Da Vinci. Seguramente sucede lo mismo con otros con respecto a los manuscritos del Nuevo Testamento y otros datos cristianos, especialmente debido a la nota antes del prólogo que parece tan inocente. Mi hija está leyendo la novela ahora, y me ha preguntado acerca de algunos datos. Le contesté, "Si no estás absolutamente segura de algún detalle en la novela, debe

---

[296] Desde entonces he hablado con mi médico. Estaba agradecido por la carta, y parecía convencido de que estos libros no presentan un caso válido en contra de las Escrituras.

[297] Dan Brown, *El cógido Da Vinci* (Umbriel, 2003). En inglés, *The Da Vinci Code* (New York: Doubleday, 2003).

suponer que no es verdad." Creo que esa debe ser la pauta. Aunque es solamente una novela, se ve un énfasis en el movimiento feminista y el anti-catolicismo de Brown a través de todo el libro.

2. El punto principal de *Misquoting Jesus*[298] [Citando equivocadamente a Jesús] es que no tenemos los manuscritos originales del Nuevo Testamento, y por lo tanto no podemos estar seguros de la vida y las palabras de Jesús. No hay nada nuevo en esta preocupación por los manuscritos del Nuevo Testamento. Sabemos que los originales no se encuentran. Pero hay más de 5.000 copias de porciones o libros completos del Nuevo Testamento. Aunque las personas que hicieron las copias fueron muy cuidadosas, a través de los siglos naturalmente se introdujeron algunos errores.

Algunas personas están sorprendidas cuando primero escuchan que hay distintas versiones de los escritos bíblicos. Sienten que esto socava su fe en la Biblia. Confieso que también me inquietó durante algunos años. No obstante, después de estudiar el tema más cuidadosamente, me di cuenta de que no hay nada que temer. En primer lugar, las diferencias entre las versiones son casi todas insignificantes, y ninguna *cambiaría* alguna doctrina importante. La mayoría de las variantes son como la diferencia entre escribir "Jesús" en vez de "Cristo", o algo semejante. Ninguna literatura antigua puede reclamar tantas copias o este nivel de confianza en el contenido del original. Segundo, creo que Dios no ha dejado los originales para evitar la adoración de los documentos como objetos religiosos. Finalmente, aunque no tenemos los originales, podemos confiar en que Dios nos ha dejado versiones confiables de Su Palabra. Es como escuchar un audio-cassette antiguo con un mensaje de su padre. No es exactamente lo mismo que escucharlo en persona, y si hace

---

[298] Bart D. Ehrman, *Misquoting Jesus; The Story Behind Who Changed the Bible and Why*. (New York: Harper Collins, 2005).

copias de las copias, seguramente algo de la calidad se perderá. Incluso, puede haber palabras que no entienda. Sin embargo, el contexto ayudará mucho a llenar los vacíos. Habrá pocas palabras dudosas, y esos detalles no cambian nada importante en el mensaje. Además, como su hijo, usted reconoce su voz y su manera de pensar, y acepta la comunicación como legítima y autoritativa, como si lo escuchara en persona.

El Nuevo Testamento en griego tiene notas al pie de la página que explican todas las variantes en los manuscritos. Estas notas se llaman el "aparato textual".[299] El estudio del aparato textual se llama la "crítica textual", y se ha convertido en una ciencia seria y confiable. La acusación de que Jesús ha sido mal citado de una manera significativa es una distorsión de los hechos.

3. *The Jesus Mysteries*[300] [Los misterios de Jesús] es un intento distorsionado y mal documentado para destruir nuestra confianza en el Jesús histórico. Los autores declaran abiertamente sus inclinaciones hacia la *Nueva Era*.

Según la astrología pagana, el cristianismo fue creado al comienzo del gran Mes de Piscis. Esta era está ahora

---

[299] Por ejemplo, en Romanos 1:7, encontramos la siguiente nota en el Nuevo Testamento en Griego (cuarta edición por Kurt Aland, Matthew Black, Carlo Martini, Bruce Metzger y Allen Wikgren, distribuido por United Bible Societies) que muestra dos versiones, una que dice "en Roma", y la otra en que se omite "en Roma". La letra "A" entre paréntesis al comienzo de la nota indica que los eruditos están bastante seguros que el texto original incluía "en Roma". Aquí citamos la nota: {A} 'εν 'Ρωμη p[10, 26vid] א A B C D[abs1] Ψ 6 33 81 104 256 263 424 436 450 1175 1241 1319 1506 1573 1739 1852 1881 1912 [vid] 1962 2127 2200 2464 [K L P] Byz Lect [itar, b, d, (mon) o] vg syr[p, h, pal] cop[sa, bo] arm eth geo slav Origen[gr, lat] Chrysostom Theodoret; Ambrosiaster Pelagius Augustine // omit (see 1.15) G it[g] Origen [acc. to 1739]

[300] Timothy Freke y Peter Gandy, *The Jesus Mysteries; Was the "Original Jesus" a Pagan God?* (New York: Three Rivers Press, 1999).

terminando, y la nueva Era del Acuario se está iniciando... La religión establecida está desacreditada y está disminuyendo.[301]

Como se sabe, ellos sostienen que Jesús no fue una persona histórica, y que el cristianismo es una compilación de mitos originados en las religiones de misterio. Según los autores, los relatos bíblicos de Jesús están basados especialmente en las historias de Osiris-Dionisos, años antes de Jesús. La mayoría de las referencias de los autores son de unos pocos siglos antes de Cristo, pero es difícil identificar su esquema cronológico. Encuentran paralelos con respecto a los siguientes eventos: dios llega a ser hombre, su madre es una virgen, nació en una cueva delante de tres pastores el 25 de diciembre, convirtió el agua en vino, llegó a la ciudad triunfalmente montado en un asno, muere como sacrificio por el mundo, descendió al infierno, resució de entre los muertos el tercer día, celebró un rito con pan y vino, y volverá como juez en los últimos días.[302] Tengo que admitir que, cuando primero leí esto, me impactó. No me hizo tambalear en mi fe, pero estaba curioso acerca de cómo explicar tantos paralelos.

Pero al examinar más de cerca los detalles de sus argumentos, me di cuenta de que no debemos tomar el libro en serio. Primero, no se puede ir más allá de fuentes secundarias para leer los documentos de las religiones de misterio, a los cuales se refieren. Aunque tienen más de sesenta páginas de notas, cada vez que quería leer la fuente original, estaba decepcionado con la referencia de algún otro libro. En segundo lugar, frecuentemente hablan de semejanzas como si fueran paralelos exactos. Por ejemplo, dicen que Dionisos también llegó a la ciudad montado en un

---

[301] Freke y Gandy, *The Jesus Mysteries*, p. 253.
[302] Feke y Gandy, p. 5.

asno, mientras la gente gritaba alabanzas. Pero cuando uno lee lo que están diciendo, no es Dionisos después de todo, sino un "canasto que contiene los objetos que usarían para hacer el ídolo de Dionisos". Concluyen, "De esta manera, tal como Jesús entraba a Jerusalén, Dionisos cabalgó triunfalmente a su muerte".[303]

Observe un solo ejemplo de un párrafo lleno de errores, en que los autores pretenden mostrar que la historia del nacimiento de Jesús tuvo sus orígenes en las historias de Dionisos. Curiosamente, no cuentan del *nacimiento* de Dionisos, sino de su *matrimonio* en un pesebre. Después dicen que la palabra normalmente traducida "pesebre" en los evangelios es *katalemna*, y que literalmente significa un abrigo temporal, o una cueva.[304] Continúan el relato, mostrando que una cueva era una imagen antigua del "vientre de la madre tierra". Yo no puedo encontrar la palabra *katalemna* en mis diccionarios de griego. Lo más cercano es *katáluma*, que podría ser la palabra que deseaban usar, porque se encuentra en el relato del nacimiento de Jesús (Lucas 2.7). Sin embargo, esta palabra no significa cueva, sino hospedería, o habitación para visitas. Además, esto no es el lugar donde Jesús nació, ¡sino el lugar donde no había espacio para ellos! Finalmente, si desea buscar las fuentes originales, para ver si no se equivocaron en su explicación o en la palabra griega que mencionan, estará decepcionado. Tal como en otras ocasiones, no hay citas de los documentos de las religiones de misterio para leer por su propia cuenta.

El libro está plagado de este tipo de lenguaje descuidado y confuso. Es demasiado frustrante tratar de buscar las fuentes y confirmar sus argumentos. Recuerde lo que dicen de los chismes: es como tirar una tonelada de

---

[303] The Jesus Mysteries, p. 44.
[304] The Jesus Mysteries, p. 32.

plumas en la calle, porque nunca puedes recoger todas. Miré algunos sitios de Internet acerca de este libro, y encontré que los eruditos no están tomando este libro en serio.[305]

Pero me gustaría ir más lejos. Supongamos por un momento que algunos de estos paralelos son válidos. ¿Cómo lo explicaríamos? Primero, debemos recordar que algunos de estos conceptos posiblemente fueron sacados del Antiguo Testamento y después incorporados en los documentos de las religiones de misterio. Esto puede ser el caso especialmente para los escritos que mencionan que vienen de los tiempos de los filósofos griegos como Platón (427-347 antes de Cristo). El nacimiento de Jesús de una virgen, por ejemplo, fue profetizado por Isaías siglos antes de Platón (siglo ocho antes de Cristo). Vea Isaías 7:14 (RVR60): "He aquí que la virgen concebirá, y dará a luz un hijo, y llamará su nombre Emanuel". En el siglo seis, fue profetizado el hecho de que Jesús entraría a Jerusalén montado sobre un asno. Vea Zacarías 9:9 (RVR60), "Alégrate mucho, hija de Sion; da voces de júbilo, hija de Jerusalén; he aquí tu rey vendrá a ti, justo y salvador, humilde, y cabalgando sobre un asno, sobre un pollino hijo de asna.") La ceremonia del bautismo fue usada frecuentemente a través del Antiguo Testamento, especialmente el rito de rociar sangre para simbolizar purificación (Vea Éxodo 24 y 29, y muchas referencias en Levítico). El concepto del "chivo expiatorio" se enseña claramente en el Antiguo Testamento (Vea Levítico 16).

En segundo lugar, otros conceptos son tan generales que no es de sorprenderse que pueden encontrarse en otras religiones, tal como Dios que llega a ser hombre, hace milagros, muere para salvar a otros, y resucita de entre los

---

[305] Vea, por ejemplo, los siguientes sitios:

<http://www.bede.org.uk/books,jmyth.htm - 7>

<http://arbitrarymarks.blogspot.com/2004/08/jesus-mysteries-part-two.html>

<http://www.skepticwiki.org/wiki/index.php/The_Jesus_Mysteries>

muertos. El amor, la humildad, y la pureza son principios morales bastante universales.

Finalmente, debemos recordar que Dios reveló el mensaje del evangelio a los primeros seres humanos, a Adán y Eva, en el huerto de Edén. Cuando cayeron en el pecado, Dios dijo a la serpiente, "Y pondré enemistad entre ti y la mujer, y entre tu simiente y la simiente suya; ésta te herirá en la cabeza, y tú le herirás en el calcañar." (Génesis 3:15 RVR60). Esto se refiere a la lucha entre Jesús, quien es la simiente de la mujer, y Satanás y sus demonios. ¿En qué momento fue herido Jesús? En la cruz. Pero ¿quién gana la victoria? Obviamente el que es herido solamente en el calcañar. Esto es una profecía de la victoria de Cristo sobre Satanás. Dios también hizo algo que simbolizaba el sacrificio de Cristo para cubrir nuestros pecados cuando utilizó pieles de animales para cubrir la desnudez de Adán y Eva. (Génesis 3:21). Lo menciono porque significa que cualquier ser humano podría haber escuchado alguna comunicación del mensaje del evangelio desde el primer hombre. Creo que vemos residuos de esta revelación original de Dios aun en tribus remotas que no han escuchado nada de la Biblia. Las Escrituras también explican que Dios ha puesto un sentido de Su presencia y un sentido de bien y mal en el corazón de todo hombre (Romanos 1:18-20 y Romanos 2:14-15). Esta es la razón que las personas se sienten culpables y se dan cuenta de que necesitan el perdón. Por eso algunas tribus hacen sacrificios para expiar su culpa, y por eso los temas cristianos aparecen a través de la historia en otras religiones.

4. El debate más reciente se trata del *Evangelio de Judas*.[306] Este documento gnóstico data del fin del segundo siglo, ubicado un siglo después de los evangelios de la Biblia. El documento está muy fragmentado, faltando muchas

---

[306] Para bajar una traducción en inglés, vea:
<http://www9.nationalgeographic.com/lostgospel/document.html>

palabras y muchas líneas. En las citas, Jesús se ríe frecuentemente, casi dando la impresión de que está burlándose de la gente. Hay referencias extrañas acerca de las estrellas y a nombres como Saklas y Barbelo. El hecho que hace tanta noticia es que según este documento, Jesús supuestamente pide a Judas que lo traicione. Sin embargo, aunque aceptáramos que este documento fuera históricamente fiel, no es claro para mí que realmente indica que Jesús le pide a Judas que lo traicione. Después de muchas líneas que faltan, Jesús dice algo de la maldad, y dice "Pero tú superarás a todos, porque sacrificarás al hombre que me viste." Después cita algo, "Tu cuerno ha sido levantado, y tu ira ha sido encendida, tu estrella brillará...." Según esto, ¿Judas supera a los demás en algo bueno o en algo malo? Por supuesto que la interpretación de que Judas está haciendo algo bueno encaja bien con las enseñanzas de los gnósticos, porque según ellos, lo material es malo y lo espiritual es bueno. Por lo tanto, matar a Jesús significa liberarlo de la prisión de su cuerpo. Pero en el mejor de los casos, el significado no está claro.

No estoy preocupado por la Biblia. Ha resistido ataques durante dos mil años. Algunos estarán confundidos un tiempo, pero la verdad prevalecerá.

Sécase la hierba, marchítase la flor; mas la palabra del Dios nuestro permanece para siempre (Isaías 40:8 RVR60)

Cuando los cajeros se entrenan para reconocer los billetes falsos, tienen que estudiar y estudiar los billetes legítimos. Después, cuando ven los billetes falsos, los reconocen inmediatamente. Nunca podrán ver todas las posibles formas de engañar. Lo mismo se aplica a las enseñanzas y la literatura religiosa. Para poder identificar lo que es falso, debemos estudiar lo que es legítimo intensamente.

> *De cierto, de cierto os digo: El que no entra por la puerta en el redil de las ovejas, sino que sube por otra parte, ése es ladrón y salteador. Mas el que entra por la puerta, el pastor de las ovejas es. A éste abre el portero, y las ovejas oyen su voz; y a sus ovejas llama por nombre, y las saca. Y cuando ha sacado fuera todas las propias, va delante de ellas; y las ovejas le siguen, porque conocen su voz. Mas al extraño no seguirán, sino huirán de él, porque no conocen la voz de los extraños* (Juan 10-1-5 RVR60)

Cuando escuchamos la voz del Buen Pastor, la reconoceremos y le seguiremos.

Agradecido por su cuidado médico,
Richard B. Ramsay

BIBLIOGRAFÍA

Alberta, Tim. *The Kingdom, the Power, and the Glory: American Evangelicals in an Age of Extremism*. [El reino, el poder y la gloria; evangélicos americanos en una edad de extremismo]New York: HarperCollins. Kindle Edition, 2023.

Anderson, J. N. D. *The World's Religions* [Religiones del mundo]. Grand Rapids: Eerdmans, 1968.

Anselmo. *Proslogium; Monologium: An Appendix in Behalf of the Fool by Gaunilon; Cur Deus Homo*. Trad. Sidney Norton Deane. Chicago: The Open Court Publishing Co., 1903.

Aquino, Tomás. Ralph McInerny, editor. *Thomas Aquinas: Selected Writings*. London: Penguin Books, 1998.

Agustín. *Confessions and Enchridion*. Philadelphia: Westminster Press, 1955.

Archer, Gleason. *A Survey of Old Testament Introduction*. Chicago: Moody Press, 1970. Versión en Español: *Reseña Crítica del Antiguo Testamento*, 1974.

Bahnsen, Greg. *Van Til's Apologetic* [La apologética de Van Til]. Phillipsburg, New Jersey: P&R Publishing.

Blank, Rodolfo. *Teología y misión en América Latina*. St. Louis, Missouri: Concordia, 1996.

Bonino, José Míguez. *La fe en busca de eficacia*. Salamanca: Ediciones Sígueme, 1977.

_____. "New Trends in Theology", *Duke Divinity School Review* 42 (Otoño, 1997).

Boyce, James. *Fundamentos de la fe*. Miami: Logoi/Unilit, 1996.

Borchert, Donald M., ed. *Encyclopedia of Philosophy*. 2nd ed. 10 tomos. Detroit: Thomson Gale, 2006.

Brown, Colin. *Philosophy and the Christian Faith* [La filosofía y la fe cristiana]. Downers Grove: IVP, 1969.

Chesterton, G. K. *The Everlasting Man* [El hombre eterno]. San Fancisco: Ignatius Press, 1993.

Clark, Gordon. *Thales to Dewey* [De Tales a Dewey]. Boston: Houghton Mifflin Co., 1957.

Colson, Charles, y Nancy Pearcey. *Y ahora ¿cómo viviremos?* Miami: Unilit, 1999.

Confesión de fe de Westminster y Catecismo menor, traducción del Dr. Alonzo Ramírez Alvarado. Barcelona: CLIE, 2000.

Copleston, Frederick. *A History of Philosophy* [Una historia de la filosofía] 9 tomos. Garden City, NY: Doubleday, 1962.

Cowan, Steven, editor. *Five Views on Apologetics* [Cinco puntos de vista sobre la apologética](Incluye artículos de Stanley N. Gundry, William Lane Craig , Paul D. Feinberg , Kelly James Clark , John Frame , y Gary Habermas. Grand Rapids, Michigan: Zondervan, 2000.

Cruz, Antonio. *¿La ciencia encuentra a Dios?* Barcelona: CLIE, 2004.

_____. *El cristiano en la aldea global*. Barcelona: CLIE, 2004.

_____. *Darwin no mató a Dios*. Miami: Vida, 2005.

_____. *Postmodernidad*. Barcelona: CLIE, 1996.

_____. *Sociología; una desmitificación*. Barcelona: CLIE, 2001.

Darwin, Charles. *The Origin of Species by Means of Natural Selection* [El origen de las especies] Boston: Adamant Media Corporation, 2000.

Durant, Will. *The Story of Philosophy* [La historia de la filosofía] New York: Simon and Schuster, 2005.

Empiricus, Sextus. *Outlines of Scepticism*. Editores, Julia Annas y Jonathan Barnes. Cambridge: Cambridge University Press, 2000.

Eareckson, Joni. *Joni, la inolvidable historia*. Miami: Vida, 1977.

_____. *Un paso más*. Miami: Vida, 1980.

Los filósofos modernos; selección de textos. Madrid: Biblioteca de autores cristianos, 1976.

Frame, John. *Apologetics to the Glory of God; an Introduction* [La apologética para la gloria de Dios]. Phillipsburg, NJ: P&R Publishing, 1994.

_____. *The Doctrine of the Knowledge of God* [La doctrina del conocimiento de Dios]. Phillipsburg, New Jersey: P&R Publishing, 1987.

_____. *A History of Western Philosophy and Theology* (Phillipsburg, NJ: P&R Publishing, 2015).

_____. *Van Til; an Analysis of His Thought* [Van Til; un análisis de su pensamiento]. Phillipsburg, New Jersey: P&R Publishing, 1995.

Geisler, Norman, y Brooks, Ron. *Apologética*. Miami: Logoi/Unilit, 1995.

Giannini, Humberto. *Esbozo para una Historia de la Filosofía*. Santiago, Chile, 1981.

Gish, Duane. *Creación, evolución y el registro fósil*. Barcelona: CLIE, 1979.

Groothuis, Douglas R. *Unmasking the New Age* [La nueva era desenmascarada]. Downers Grove: IVP, 1986.
_____. *Truth Decay* [Las caries en la verdad]. Downers Grove: IVP, 2000.

Grudem, Wayne. *Teología sistemática; una introducción a la doctrina bíblica*. Miami: Vida, 2007.
_____. *Doctrina bíblica*. Miami: Vida, 2005.

Ham, Ken, Hugh Ross, Deborah B. Haarsma, Stephen C. Meyer, and J. B. Stump. *Four Views on Creation, Evolution, and Intelligent Design*. [Cuatro perspectivas de la creación, evolución y el diseño inteligente] Copyright © 2017 by Zondervan (Counterpoints: Bible and Theology). Zondervan Academic. Kindle Edition.

Hegel, G.W.F. *Fenomenología del espíritu*. México: Fondo de Cultura Económica, 1966.

Jones, Peter. *The Gnostic Empire Strikes Back* [El imperio del gnosticismo ataca de nuevo]. Phillipsburg, NJ: P&R.

Kant, Emmanuel. *Crítica de la razón pura*. Buenos Aires: Losada, 1979.

Keller, Timothy. *La razón de Dios*. Barcelona: Andamio, 2014.

A Kierkegaard Anthology [Una antología de Kierkegaard] ed. Robert Bretall. New York: Random House, 1946.

Lennox, John C. *¿Ha enterrado la ciencia a Dios?* Barcelona: CLIE, 2003.

Lavine, T. Z. *From Socrates to Sartre: The Philosophic Quest* [Desde Sócrates a Sartre: la búsqueda filosófica]. New York: Bantam Books, 1984.

Lewis, C.S. *Cautivado por la alegría*. New York: Rayo/HarperCollins, 2006. Versión en inglés, *Surprised by Joy*. Edición 1955 por Harcourt Brace and Company, Orlando, Florida.

_____. *El gran divorcio*. New York: Rayo/HarperCollins, 2006. Versión en inglés, *The Great Divorce*. San Francisco: Harper Collins, 2000.

_____. *Los milagros*. New York: Rayo/HarperCollins, 2006. En inglés, *Miracles.* Publicado originalmente en el año 1947. (edición 2001 publicado por HarperCollins).

_____. *El problema del dolor*. New York: Rayo (HarperCollins), 2006. Versión en inglés, *The Problem of Pain* New York: Simon & Schuster. 1996.

_____,. *Mere Christianity* [El cristianismo y nada más]. New York. Macmillan Publishing Co. Inc. 1960.

Little, Paul. *Know What and Why You Believe* [Sepa qué y por qué cree]. Minneapolis, Minnesota: World Wide Publications, 1980.

_____. *How to Give Away Your Faith* [Cómo regalar su fe]. Downers Grove: InverVarsity Press, 1966.

MacArthur, John. *The Truth War: Fighting for Certainty in an Age of Deception*. Nashville: Thomas Nelson, 2007.

Marías, Julián. *Historia de la filosofía*. España: Alianza Universidad Textos, publicado originalmente en 1941.

McDowell, Josh. *Answers to Tough Questions skeptics ask about the Christian Faith* [Respuestas a preguntas difíciles que hacen los escépticos acerca de la fe cristiana]. San Bernardino, CA. Here's Life Publishers, Inc. 1983.
_____. *Evidencia que exige un veredicto*. Deerfield, Florida: Vida, 1998.
_____. *Evidencia que exige un veredicto II*. Barcelona: CLIE.

Miller, Elliot. *A Crash Course on the New Age Movement* [Curso intensivo sobre el movimiento de la nueva era]. Grand Rapids: Baker, 1989.

Morris, Henry M. *Science and the Bible* [Ciencia y la Biblia]. Chicago: Moody Press, 1986.

Mumma, Howard. *Albert Camus and the Minister* [Alberto Camus y el ministro]. Brewster, Massachusetts: Paraclete Press, 2000.

Padilla, René. *El evangelio hoy*. Buenos Aires: Ediciones Certeza, 1975.
Packer, J. I. *God Has Spoken: Revelation and the Bible* [Dios ha hablado: revelación y la Biblia]. 3rd ed. Grand Rapids: Baker, 1993.

_____. *Fundamentalism and the Word of God* [El fundamentalismo y la Palabra de Dios]. Leicester: Inter-Varsity Fellowship, 1958.

Pearcey, Nancy. *Total Truth: Liberating Christianity from its Cultural Captivity* [La verdad total; liberando el cristianismo de su cautividad cultural]. Wheaton, IL: Crossway, 2005.

Pinnock, Clark. *Set Forth Your Case* [Presente su caso]. Phillipsburg, NJ: P&R, 1967.

Plantinga, Alvin. *The Analytical Theist: An Alvin Plantinga Reader* [El teísta analítico]. Grand Rapids: Eerdmans, 1998.
_____. *God, Freedom, and Evil* [Dios, la libertad, y el mal]. Grand Rapids: Eerdmans, 1977.
_____. *God and Other Minds: A Study of the Rational Justification of Belief in God* [Dios y otras mentes; el estudio de la justificación racional de la fe en Dios]. Cornell University Press, 1990.

Pratt, Richard. *Todo pensamiento cautivo*. Costa Rica: Editorial CLIR, 2017.

Raymond, Robert. *A New Systematic Theology of the Christian Faith.* Nashville: Thomas Nelson Publishers, 1998.

Rookmaaker, H. R., *Arte moderno y la muerte de una cultura*. Barcelona: CLIE, 2003.

Schaeffer, Francis, *Él está presente y no está callado*. Miami: Logoi/Unilit (agotado). En inglés, *He is There and He is Not Silent*. Wheaton: Tyndale, 1980.

_____. *The Complete Works of Francis Schaeffer* [Obras completas de Francis Schaeffer]. Wheaton, Illinois: Crossway, 1984.

_____. *Francis A. Schaeffer Trilogy*. Wheaton, Ill: Crossway, 1990.

_____. *El Dios que está allí* [*The God Who is There*]. Publicado en español por Hodder and Stoughton en 2016. Primera edición publicada en inglés en 1968.

_____. *Retorno a la libertad y la dignidad*. Barcelona: Ediciones Evangélicas Europeas, 1973.

Sire, James. *El universo de al lado*, Grand Rapids: Libros Desafío, 2006. En inglés, *Universe Next Door; a Basic World View Catalogue*. Downers Grove, Illinois: InterVarsity Press, 1997.

_____. *Why Should Anyone Believe Anything at All*? [¿Por qué alguien debe creer algo?]. Downers Grove, IL: InterVarsity Press, 1994.

Sookhedeo, Patrick. *A Christian's Pocket Guide to Islam* [Guía de bolsillo para el Islam]. Fearn, Ross-Shire, Scotland: Christian Focus Publications, 2001.

Sproul, R.C., Arthur Lindsley, y John Gerstner. *Classical Apologetics* [La apologética clásica]. Grand Rapids: Zondervan, 1984.

_____. *Defending Your Faith: An Introduction to Apologetics* [Cómo defender tu fe; una introducción a la apologética]. Wheaton, IL: Crossway, 2003.

Strobel, Lee. *The Case for Faith* [El caso a favor de la fe]. Grand Rapids: Zondervan, 2000.

Thilly, Frank, y Ledger Wood. *A History of Philosophy* [Una historia de la filosofía]. New York: Henry Holt and Co., 1959.

Van Til, Cornelius. *Christian Apologetics* [La apologética cristiana]. Phillipsburg, New Jersey: Presbyterian and Reformed Publishing, Co. 1976.
_____, *The Defense of the Faith* [La defensa de la fe]. Phillipsburg, New Jersey: Presbyterian and Reformed Publishing Co., 1979.

Vila, Samuel. *¿Es razonable la fe cristiana?* Barcelona: CLIE.

Whitcomb, John, y Henry Morris. *The Genesis Flood* [El diluvio de Génesis]. Nutley, NJ: Presbyterian and Reformed Publishing Co., 1961.

Yancey, Philip. *Soul Survivor: How My Faith Survived the Church* [El sobreviviente de alma; cómo mi fe sobrevivió la Iglesia]. New York: Doubleday, 2001

Young, Edward J. *Thy Word is Truth* [Tu Palabra es verdad]. Grand Rapids: Eerdmans, 1970.

ÍNDICE

D

Darwin, 88, 100, 142, 146, 275
Descartes, 16, 52, 55, 56, 78
desesperación, 11, 24, 34, 39, 47, 48, 60, 82, 125, 132
Determinismo, 78
dialéctica, 67, 68

E

Einstein, 233, 255
Elefante, 197, 198, 199
empirismo, 78
epicúreos, 46, 49, 91
epistemología, 35, 47, 52, 81, 128, 129, 191
escepticismo, 34, 45, 55, 58, 60, 65, 71, 72, 82
escépticos, 27, 45, 46, 50, 124, 278
estoicos, 45, 49, 91
ética, 34, 35, 43, 45, 47, 62, 71, 72, 82, 92, 128, 129, 154, 209
evangelio, 9, 11, 17, 19, 22, 108, 123, 124, 125, 159, 160, 171, 201, 205, 215, 238, 278
Evangelismo Explosivo, 9
evolución, 8, 11, 15, 26, 87, 139, 140, 141, 143, 146, 154, 156, 175, 221, 222, 232, 255, 276

F

fe, 3, 9, 11, 12, 15, 16, 17, 19, 20, 21, 27, 30, 52, 54, 55, 62, 73, 77, 79, 86, 98, 103, 113, 121, 126, 129, 133, 141, 150, 153, 154, 161, 170, 172, 175, 176, 180, 187, 195, 200, 201, 212, 215, 222, 234, 237, 242, 253, 273, 274, 278, 280, 281
Frame, 41, 43, 44, 69
Francis Bacon, 24, 30, 52, 55, 75, 78, 185

K

L

M

N

O